哑铃
综合训练指南
DUMBBELL
TRAINING

[美] 艾伦·赫德里克（Allen Hedrick）/ 著

陈祎磊 / 译

人民邮电出版社

北京

图书在版编目（ＣＩＰ）数据

哑铃综合训练指南 / （美）艾伦·赫德里克
（Allen Hedrick）著；陈祎磊译. -- 北京：人民邮电
出版社，2016.11
（悦动空间. 健身训练）
ISBN 978-7-115-43176-9

Ⅰ. ①哑… Ⅱ. ①艾… ②陈… Ⅲ. ①哑铃（健身运
动）—运动训练—指南 Ⅳ. ①G835.42-62

中国版本图书馆CIP数据核字(2016)第211041号

内 容 提 要

这是一本系统介绍利用哑铃进行全身综合健身训练的指南，从人体主要肌肉群讲
起，分为三大部分全面介绍了如何利用哑铃进行有针对性的健身及肌肉训练。

第一部分介绍了利用哑铃健身训练的技术，以及如何制订有效的训练方案和如何将
哑铃融入现有的训练计划中。第二部分系统讲解了如何运用哑铃进行上肢、下肢、核心
区及全身的综合健身训练方法及动作要领。第三部分更具针对性和功能性，介绍了如何
运用哑铃增强肌肉和提高爆发力，并针对力量型运动、速度型运动以及敏捷和平衡型运
动，介绍了相关的综合健身训练方法。

本书适合健身爱好者阅读，尤其适合正在用哑铃和计划用哑铃进行健身训练的爱好
者学习使用。

- ◆ 著　　　　[美] 艾伦·赫德里克（Allen Hedrick）
  译　　　　陈祎磊
  责任编辑　王朝辉
  执行编辑　杜海岳
  责任印制　彭志环
- ◆ 人民邮电出版社出版发行　北京市丰台区成寿寺路 11 号
  邮编　100164　电子邮件　315@ptpress.com.cn
  网址　http://www.ptpress.com.cn
  廊坊市印艺阁数字科技有限公司印刷
- ◆ 开本：700×1000　1/16
  印张：13.75　　　　　　　2016 年 11 月第 1 版
  字数：210 千字　　　　　　2025 年 4 月河北第 29 次印刷
  著作权合同登记号　图字：01-2015-7470 号

定价：45.00 元
读者服务热线：(010)81055410　印装质量热线：(010)81055316
反盗版热线：(010)81055315

目 录

训练一览表

训练	主要训练的肌肉群	训练的其他肌肉群	单关节或多关节	页码
第4章：上肢训练				
肩部训练				
前平举	前三角肌	胸大肌，侧三角肌，中、下斜方肌	单关节	42
侧平举	侧三角肌	前三角肌，冈上肌，中、下斜方肌，前锯肌	单关节	43
肩上推举	前三角肌	侧三角肌，冈上肌，肱三头肌，中、下斜方肌，前锯肌，胸大肌	多关节	44
交替肩上推举	前三角肌	侧三角肌，冈上肌，肱三头肌，中、下斜方肌，前锯肌，胸大肌	多关节	45
单臂肩部推举	前三角肌	侧三角肌，冈上肌，肱三头肌，中、下斜方肌，前锯肌，胸大肌	多关节	46
直立划船	侧三角肌	前三角肌，冈上肌，肱肌，肱桡肌，中、下斜方肌，前锯肌，冈下肌	多关节	47

训练	主要训练的肌肉群	训练的其他肌肉群	单关节或多关节	页码
胸部训练				
仰卧屈臂上拉	胸大肌	背阔肌，大圆肌，肱三头肌，后三角肌，胸小肌，长斜方肌，肩胛提肌	单关节	48
仰卧飞鸟	胸大肌	前三角肌，肱二头肌	单关节	49
上斜飞鸟	胸大肌	前三角肌，肱二头肌	单关节	50
下斜飞鸟	胸大肌	前三角肌，肱二头肌	单关节	51
上斜卧推	胸大肌	前三角肌，肱三头肌	多关节	52
交替上斜卧推	胸大肌	前三角肌，肱三头肌	多关节	53
单臂上斜卧推	胸大肌	前三角肌，肱三头肌	多关节	54
下斜卧推	胸大肌	前三角肌，肱三头肌	多关节	55
交替下斜卧推	胸大肌	前三角肌，肱三头肌	多关节	56
单臂下斜卧推	胸大肌	前三角肌，肱三头肌	多关节	57
卧推	胸大肌	前三角肌，肱三头肌	多关节	58
交替卧推	胸大肌	前三角肌，肱三头肌	多关节	59
单臂卧推	胸大肌	前三角肌，肱三头肌	多关节	60
上背部训练				
划船	背阔肌	斜方肌，长斜方肌，肱二头肌，竖脊肌	多关节	61
肱二头肌训练				
弯举	肱二头肌	肱肌，肱桡肌	单关节	62
锤式屈臂	肱桡肌，肱二头肌	三角肌前束，斜方肌，肩胛提肌	单关节	63
反握弯举	肱桡肌，肱二头肌	三角肌前束，斜方肌，肩胛提肌	单关节	64

（接下页）

训练	主要训练的肌肉群	训练的其他肌肉群	单关节或多关节	页码
第4章：上肢训练（接上页）				
肱三头肌训练				
颈后臂屈伸	肱三头肌		单关节	65
单臂后屈伸	肱三头肌		单关节	66
第5章：下肢训练				
深蹲	股四头肌	臀大肌，大收肌，比目鱼肌	多关节	68
深蹲跳	股四头肌	臀大肌，大收肌，比目鱼肌	多关节	69
单腿深蹲	股四头肌	臀大肌，大收肌，比目鱼肌	多关节	70
单腿深蹲跳	股四头肌	臀大肌，大收肌，比目鱼肌	多关节	71
前蹲	股四头肌	臀大肌，大收肌，比目鱼肌	多关节	73
单腿前蹲	股四头肌	臀大肌，大收肌，比目鱼肌	多关节	74
侧蹲	股四头肌	臀大肌，大收肌，比目鱼肌	多关节	75
弓箭步	股四头肌	臀大肌，大收肌，比目鱼肌	多关节	76
侧弓箭步	臀大肌	股四头肌，大收肌，比目鱼肌	多关节	77
弧形弓箭步	臀大肌	股四头肌，大收肌，比目鱼肌	多关节	78
冰球弓箭步	臀大肌	股四头肌，大收肌，比目鱼肌	多关节	80
后跨步	股四头肌	臀大肌，大收肌，比目鱼肌	多关节	81
支点箭步蹲	臀大肌	股四头肌，大收肌，比目鱼肌	多关节	82

训练	主要训练的肌肉群	训练的其他肌肉群	单关节或多关节	页码
直腿硬拉	腘绳肌	竖脊肌，臀大肌，大收肌	多关节	83
负重提踵	腓肠肌	比目鱼肌	单关节	84
负重登阶	股四头肌	臀大肌，大收肌，比目鱼肌，腓肠肌	多关节	85
第6章：核心训练				
腹部训练				
仰卧卷腹	腹直肌	腹斜肌	多关节	88
下斜卷腹	腹直肌	腹斜肌	多关节	89
扭转卷腹	腹斜肌	腹直肌，腰大肌	多关节	90
下斜扭转卷腹	腹斜肌	腹直肌，腰大肌	多关节	91
触足卷腹	腹直肌	腹斜肌	多关节	92
交替触足卷腹	腹直肌	腹斜肌	多关节	93
V形举腿	腹直肌	髂腰肌，阔筋膜张肌，耻骨肌，缝匠肌，股直肌，长收肌，短收肌，腹斜肌	多关节	94
V形交替举腿	腹直肌	髂腰肌，阔筋膜张肌，耻骨肌，缝匠肌，股直肌，长收肌，短收肌，腹斜肌	多关节	95
卷腹推举	腹直肌	腹斜肌	多关节	96
下斜卷腹推举	腹直肌	腹斜肌	多关节	97
交替卷腹推举	腹直肌	腹斜肌	多关节	98
下斜交替卷腹推举	腹直肌	腹斜肌	多关节	99
下背部训练				
背部伸展	竖脊肌	臀大肌，腘绳肌，大收肌	多关节	100
扭转背部伸展	竖脊肌	臀大肌，腘绳肌，大收肌	多关节	102

（接下页）

训练	主要训练的肌肉群	训练的其他肌肉群	单关节或多关节	页码
第7章：全身训练				
借力推举	股四头肌，腓肠肌，臀大肌，腘绳肌	三角肌，肱三头肌，腹直肌，竖脊肌	多关节	106
交替借力推举	股四头肌，腓肠肌，臀大肌，腘绳肌	三角肌，肱三头肌，腹直肌，竖脊肌	多关节	107
单臂借力推举	股四头肌，腓肠肌，臀大肌，腘绳肌	三角肌，肱三头肌，腹直肌，竖脊肌	多关节	108
借力挺举	股四头肌，腓肠肌，臀大肌，腘绳肌	三角肌，肱三头肌，腹直肌，竖脊肌	多关节	109
交替借力挺举	股四头肌，腓肠肌，臀大肌，腘绳肌	三角肌，肱三头肌，腹直肌，竖脊肌	多关节	110
单臂借力挺举	股四头肌，腓肠肌，臀大肌，腘绳肌	三角肌，肱三头肌，腹直肌，竖脊肌	多关节	111
分腿交替挺举	股四头肌，腓肠肌，臀大肌，腘绳肌	三角肌，肱三头肌，腹直肌，竖脊肌	多关节	112
分腿交替臂挺举	股四头肌，腓肠肌，臀大肌，腘绳肌	三角肌，肱三头肌，腹直肌，竖脊肌	多关节	114
分腿交替单臂挺举	股四头肌，腓肠肌，臀大肌，腘绳肌	三角肌，肱三头肌，腹直肌，竖脊肌	多关节	116
直立高翻	股四头肌，腓肠肌，臀大肌，腘绳肌	斜方肌，背阔肌，肱二头肌，腹直肌，竖脊肌，三角肌，肱三头肌	多关节	118
交替臂直立高翻	股四头肌，腓肠肌，臀大肌，腘绳肌	斜方肌，背阔肌，肱二头肌，腹直肌，竖脊肌，三角肌，肱三头肌	多关节	120

训练	主要训练的肌肉群	训练的其他肌肉群	单关节或多关节	页码
单臂直立高翻	股四头肌，腓肠肌，臀大肌，腘绳肌	斜方肌，背阔肌，肱二头肌，腹直肌，竖脊肌，三角肌，肱三头肌	多关节	122
直立悬垂翻	股四头肌，腓肠肌，臀大肌，腘绳肌	斜方肌，背阔肌，肱二头肌，腹直肌，竖脊肌，三角肌，肱三头肌	多关节	124
交替臂直立悬垂翻	股四头肌，腓肠肌，臀大肌，腘绳肌	斜方肌，背阔肌，肱二头肌，腹直肌，竖脊肌，三角肌，肱三头肌	多关节	126
单臂直立悬垂翻	股四头肌，腓肠肌，臀大肌，腘绳肌	斜方肌，背阔肌，肱二头肌，腹直肌，竖脊肌，三角肌，肱三头肌	多关节	128
直立抓举	股四头肌，腓肠肌，臀大肌，腘绳肌	斜方肌，背阔肌，腹直肌，竖脊肌，三角肌，肱三头肌	多关节	130
交替臂直立抓举	股四头肌，腓肠肌，臀大肌，腘绳肌	斜方肌，背阔肌，肱二头肌，腹直肌，竖脊肌，三角肌，肱三头肌	多关节	132
单臂直立抓举	股四头肌，腓肠肌，臀大肌，腘绳肌	斜方肌，背阔肌，腹直肌，竖脊肌，三角肌，肱三头肌	多关节	134
分腿直立抓举	股四头肌，腓肠肌，臀大肌，腘绳肌	斜方肌，背阔肌，腹直肌，竖脊肌，三角肌，肱三头肌	多关节	136
分腿交替臂直立抓举	股四头肌，腓肠肌，臀大肌，腘绳肌	斜方肌，背阔肌，腹直肌，竖脊肌，三角肌，肱三头肌	多关节	138
分腿单臂直立抓举	股四头肌，腓肠肌，臀大肌，腘绳肌	斜方肌，背阔肌，腹直肌，竖脊肌，三角肌，肱三头肌	多关节	140

前　言

　　利用哑铃进行阻抗训练由来已久，本书将简要回顾其历史，并介绍哑铃的类型和用途，以及进行本书所讲练习需要的器械。

　　哑铃最早的原型是哈特利斯（如图1所示），它在古希腊的用途类似今天我们使用的哑铃。哈特利斯是用质量在2~9千克的石头或金属制作的，凿刻出一个手柄以便抓握。尽管古埃及人、古印度人和其他许多民族都在进行阻抗训练，但通常认为是古希腊人发明了现代质量训练器材的雏形。除了利用哈特利斯进行阻抗训练，古希腊人在跳远的时候也会用到它们。运动员双手各持一只哈特利斯，希望能跳得更远。有趣的是，一些古代典籍也把大卫（圣经故事里的一位英雄）用来杀死歌利亚（圣经故事里的一个巨人）的武器称为哈特利斯。

　　与哈特利斯类似的体操棒，在印度沿用了1000多年。体操棒在19世纪末和20世纪初的欧洲、英联邦和美国也很流行。因为它形似棍棒，就被称作体操棒。这种保龄球瓶形状的木棒被制成不同的尺寸和质量。在训练时，运动员

图1　石制哈特利斯，现代力量训练器材的雏形，一般认为是古希腊人的作品

按照指定套路挥动体操棒。体操棒的单只质量从1千克到特制型的22.6千克不等。在训练中，体操棒通常成对使用，一组运动员在教练的指导下，按照精心编排的套路整齐划一地挥棒。根据运动员的技术和棒的质量，套路也有所不同。

哑铃这一术语或起源于英国都铎王朝，指的是人们用来学习敲钟技艺和强化敲钟所需力量的器械。它可以模仿教堂敲钟的动作，但钟舌是被拴起来的，这样就不会发出声音了，因此称作哑铃。当运动员自行制作力量训练器械时，尽管器械形状已经变化了，但他们还是沿用了哑铃的叫法。在17世纪初，人们制造的哑铃已经接近今天我们所熟悉的样子了。

哑铃有3个主要类型，分别是可调哑铃、固定哑铃和组合式哑铃。可调哑铃由哑铃杆和哑铃片组成。哑铃杆的中部常刻有防滑螺纹以便抓握。哑铃片装在哑铃杆的两端，用卡子或螺栓固定。其优点是仅需要两根哑铃杆和若干特定质量的哑铃片，就能组成两只质量相同的哑铃，而且哑铃质量的可调范围很大。

这种哑铃的缺点是每次做不同训练时（如哑铃侧平举和哑铃深蹲），都要调整哑铃质量。此外，对于训练量较大的运动员来说，随着力量的增长，需要增加训练负荷，因此要求训练负荷的覆盖面较大。

固定哑铃通常是用铸铁制作的，有的是浇铸成哑铃的形状，有的是由两块永久固定在哑铃杆上的哑铃片组成。某些哑铃片外包橡胶或氯丁橡胶，既作为填料，又能保护地板。还有一种更便宜（也更不耐用）的固定哑铃，是用水泥制成的，外面包裹着橡胶。

固定哑铃的最大优点是在做下一项训练时不用再调整哑铃质量，只要简单地换用所需质量的哑铃，就可以开始训练了。相对于可调哑铃，固定哑铃的缺点是需要多组哑铃才能覆盖进行不同训练所需的质量范围。与其他种类哑铃相比，组合式哑铃是比较新型的一种。健身者可以通过拨动刻度盘或把指针调到某一质量值来选择哑铃的质量，无需更换哑铃片。组合式哑铃由若干放在底座里的配重片组成，哑铃杆插在配重片里。通过旋转按钮或滑动底座上的指针，就可以选择需要的质量。当提起哑铃杆时，仅有选定的质量会固定在哑铃杆上。组合式哑铃与可调哑铃的优点类似，只需要两组哑铃，而不必为每种质量都准备一对哑铃。组合式哑铃的缺点是每次调节质量，都需要增减配重片。这不是大问题，但确实增加了训练时间。

除了哑铃本身，大多数哑铃训练并不需要过多的其他器械。健身凳是一种很有帮助的器械，它能从水平调节到上斜或下斜。这个功能可以用来做哑铃卧推、上斜哑铃推举和下斜哑铃卧推。在做单腿深蹲和哑铃划船时也可以利用健身凳。当健身凳倾斜时，会有一个附件用于固定腿部，这在进行腹肌训练时很有用。

在进行某些训练时，如卧推和斜推，完成一套吃力的动作后很难把哑铃轻柔地放在地板上。放置哑铃时应避免砸坏地板，这点很重要。因此另一件必要的设施就是1.2米×2.4米的橡胶垫或类似设施，如20平方厘米的胶合板。同样地，为了保护地板，建议在一块垫子或是胶合板上进行全身训练。这些剧烈的全身运动会让人筋疲力竭，做完训练以后很难把哑铃轻轻地放好。

除了哑铃、可调健身凳和一块用于保护地板的橡胶垫或胶合板，进行本书所讲的哑铃训练无需更多器械。本书第1~3章将介绍哑铃训练的好处和如何制订合理的训练计划。

本书第4~7章将针对多部位的哑铃训练，讲解一些科学的训练方法。第8章和第9章介绍如何增大肌肉和增长力量。接下来，第10~12章将讲解针对不同运动的锻炼方式。第10章主要讲力量型运动（如田径中的投掷项目、篮球和排球）的锻炼方式。第11章主要讲速度型运动（如短距离游泳、短跑和自行车短距离赛）的锻炼方式。最后，第12章将介绍敏捷和平衡型运动（如摔跤、英式足球、冰球和高山滑雪）的锻炼方式。

肌肉示意图

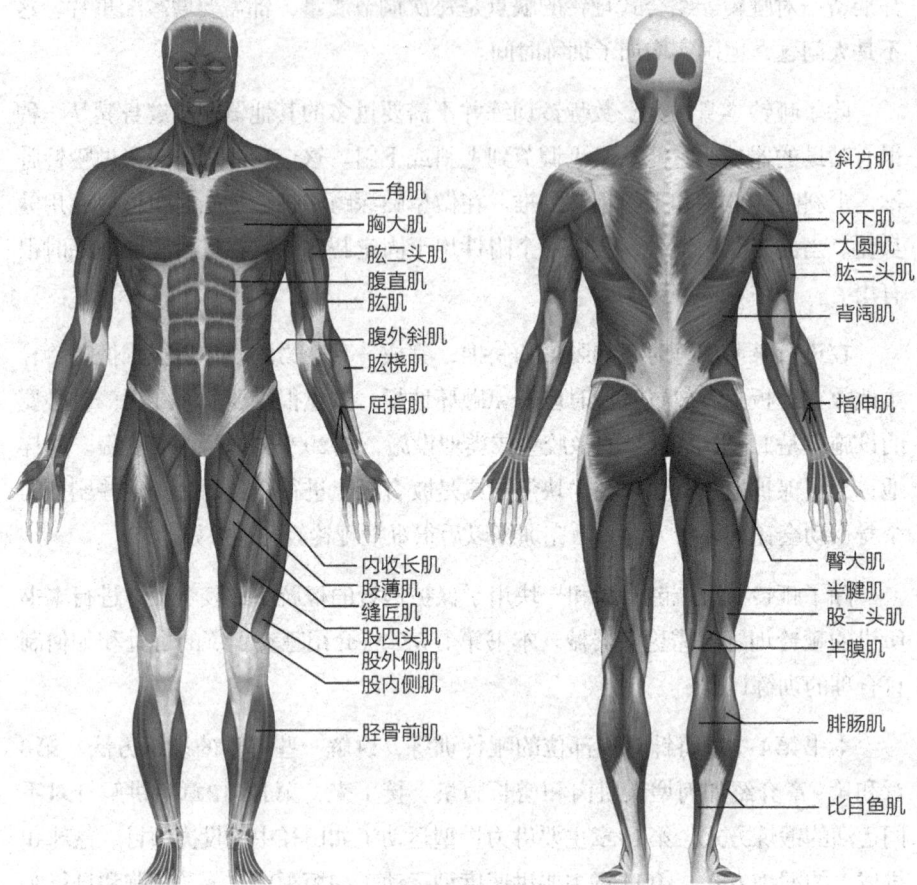

三角肌
胸大肌
肱二头肌
腹直肌
肱肌
腹外斜肌
肱桡肌
屈指肌

内收长肌
股薄肌
缝匠肌
股四头肌
股外侧肌
股内侧肌
胫骨前肌

斜方肌
冈下肌
大圆肌
肱三头肌
背阔肌

指伸肌

臀大肌
半腱肌
股二头肌
半膜肌

腓肠肌

比目鱼肌

第1部分

哑铃训练

用哑铃训练是要付出辛勤汗水的。大多数人在从事剧烈运动前，都想知道实行具有挑战性的健身计划会有什么样的好处。事实上，在健身计划里加入哑铃将让你受益匪浅。

有些好处很实际，比如器材成本低廉、占用空间不大。有些好处则是生理学方面的，研究表明，用哑铃进行卧推时对胸肌的刺激类似于用杠铃进行卧推。此外，使用哑铃锻炼比使用杠铃对核心肌肉的刺激更强，因为肌肉需要控制两个独立的器材。

制订以哑铃为重点的阻抗训练计划看上去很难，实际却很简单。以阻抗训练为目标的大多数杠铃训练或其他器械训练，都可以用哑铃训练替代。例如把杠铃深蹲改为哑铃深蹲，只是使用了不同器材而已。要做腿部推蹬，则需要找一个锻炼同样肌肉群的哑铃动作，也就是哑铃深蹲。同样地，杠铃划船或是坐姿划船就对应哑铃划船。

下面将会有详细介绍，使你更加了解哑铃训练所能带来的好处。对这些潜在的好处了解越多，也就越能更好地制订有效的健身计划。

哑铃训练的好处

用哑铃训练有很多好处。有些好处很实际，有些好处关乎生理学，但毫无疑问，哑铃是健身计划的很好补充。

哑铃的实用优点

我们先看哑铃的实用优点。与其他方式的健身相比，用哑铃训练的明显优势就是成本相对低廉，适用性强。多数健身器械都价格昂贵，且训练方式单一。与此相反，哑铃的训练方式多种多样，而且，几乎所有你能想到的杠铃训练，都可以用哑铃来做。哑铃的优势不止于此。把能用哑铃做而不能用杠铃做的所有训练变化（如单臂和双臂交替练习）统计一下，你会很快发现哑铃的训练方式不胜枚举。

哑铃训练相对其他器械训练的另一优点是，多数器械无法提供很好的爆发力训练。而哑铃非常适合爆发力训练，这也正是我推荐健身者所做的大多数哑铃训练的重点。有关爆发力训练的重要性见本书第7章。

虽然杠铃和杠铃片比其他很多健身器械都便宜些，但还是要比哑铃贵。另外，许多利用杠铃的训练需要特定设施，如卧推或深蹲架。如果是奥林匹克举，还需要奥林匹克杆、甩杠板和用于辟出训练安全场地的举重台。而大多数哑铃训练仅需要一处锻炼用的开放空间、一块保护地板用的橡胶垫或胶合板，还有一只可调式健身凳。

存放哑铃和使用哑铃进行训练所需空间都很小，这是哑铃训练的另一实用优势。相比之下，锻炼全身需要组合器械，杠铃训练需要2.4米长的杠铃，在杠铃两端还需要61厘米的缓冲空间。因为哑铃的体积小，训练时所需的空间也很小。使用哑铃训练，既能保证健身者周围的安全空间，又可以在一块小场地上容纳更多的健身者，这是其他器械和杠铃难以实现的。因为哑铃训练所需空间小，健身者们同时进行高效训练的受伤风险是最低的。例如，在一块不大的场地上（45平方米），可容纳20~25名哑铃健身者上训练课（可分为两组，一组训练，另一组等待轮换并观摩）。

仅需几副哑铃就可以达到锻炼全身的目的。对多数人来说，质量在2.5千克到30千克的哑铃，以2.5千克递增质量，就能满足几乎全部训练所需的阻抗，不过有些高水平男性健身者可能会用到55千克或更重的哑铃。利用这些为数不多的哑铃，仅通过哑铃训练，就可以锻炼到身体的全部主要肌肉群。如果是固定质量哑铃（质量不可调），从2.5千克到30千克需要14副，每副之间相差2.5千克。如果是可调质量哑铃，需要6个5千克哑铃片，2个2.5千克哑铃片和2个0.5千克的哑铃片，就可以覆盖从2.5千克到30千克的质量范围了（具体的组合还要根据握杆和螺母的质量确定）。

哑铃的另一个优点是做某些训练时比杠铃安全，如单脚蹲立或横向跨箱夹胸，因为放下哑铃比放下杠铃更容易也更安全。假如你正在做单脚蹲立时失去了平衡，就可以把手里握着的哑铃放在脚边以恢复平衡。但当你肩上扛着杠铃时，要在不伤到自己或周围人的前提下松开杠铃，就要困难得多了。

哑铃让受伤的人继续锻炼变得更容易，也不会加重伤势。一侧手臂或肩部受伤的健身者不能用杠铃锻炼上身，但可以用另一侧的手臂做单臂哑铃训练。同样地，下肢受伤会让健身者无法用杠铃做奥林匹克举，但如果用一副哑铃，先单手撑在支撑物上，保持身体稳定，再将伤腿抬起，就可以用单腿做奥林匹克举了。

哑铃的最后一个实用优点是哑铃训练比杠铃训练更简单易学。例如许多力量和体能教练都认为，通常教会一个人怎样正确持握哑铃要比教他如何抓握杠铃简单得多。这意味着用哑铃进行训练时，健身者能够很快通过教学课程，开始更加实际的训练。在训练人数较多时这一点尤为重要。

哑铃的生理学优点

哑铃训练的若干生理学优点使得它实际有效。因为杠铃训练比哑铃训练更常见，人们会觉得杠铃训练更高级一些。研究表明，将做杠铃卧推和做哑铃卧推时对肌肉的刺激进行对比，在进行这两种训练时，推举过程中对胸大肌的刺激程度都达到了几乎相同的峰值。有人称没有证据表明哑铃训练比杠铃训练所调动的肌肉多，这可能是由于卧推的次数不够多，所使用的哑铃质量也较轻，因此还不足以引起所调动肌肉的收缩。

或许哑铃训练的最大优点是需要控制两个独立的器材，而不是双臂同时控制一根杠铃。因此在许多训练项目上，哑铃训练更加复杂有效。

由于使用两个独立的器材，健身者可以进行交替锻炼（如交替卧推，单臂举起一只哑铃，另一只手臂弯曲支撑另一只哑铃）或单臂锻炼（如单臂卧推，用同一只手臂做全部组次的锻炼）。对许多健身者来说，交互锻炼和单臂锻炼提供了更为专项的训练方式，因为很多运动项目中都涉及单臂动作（如出拳、排球扣球和挥动球拍），很少需要双臂同时做相同的动作。另外，运动员在竞赛中极少会对平衡的阻抗施力。与杠铃训练相比，双臂交替和单臂锻炼有独到的训练效果。

因为在哑铃训练中使用了两个独立的器材，还需要控制平衡，所以相比杠铃和其他器械训练，对关节有保护作用的稳定肌群会受到更强的刺激。以肩部周围的肌群为例，当进行哑铃卧推时，稳定肌群负责把哑铃固定在正确的位置，同时防止哑铃进入任何可能的错误运动轨迹。哑铃训练强化了关节稳定性，从而减少了受伤的风险。

此外，在训练中控制哑铃的平衡需要强健的核心肌群。我们知道，要想获得最好的运动成绩，就必须有健壮的身躯。因此相对那些要求较低平衡能力和调动较少肌群的其他器材训练，哑铃训练在这方面独具优势。

与使用杠铃相比，使用两个独立的器材可以增加某些训练的活动范围。例如用杠铃进行卧推时，当横杠触及胸部时，杠铃就没有活动空间了。当用哑铃进行卧推时，手能够降低到胸部以下，因为没有横杠限制哑铃的运动。

哑铃还使训练计划变得更加多样，这在生理和心理方面都很重要。生理方面，多样性有助于保持身体在训练中的强度。身体会自行适应训练的强度，逐渐习惯物理刺激。由于身体会很快适应，健身者想要保持最高水平的强度，一个可行的途径就是让训练计划更加多样化。训练方式的不断变换，要求身体适应频繁调整的强度。

对很多健身者来说，训练的单调性是最难以忍受的。由于日复一日使用同样的器械，进行同样的训练，也就越发单调。在训练计划里加入哑铃，可以增加训练的多样性，同时缓解心理疲劳。

结束语

将哑铃加入训练计划会带来一些好处，有的好处很实际（如价格低廉和有效利用空间），有的好处则与生理和心理相关。综合考虑这些好处，无论是运动员还是健身塑形的普通人，都应当毫不犹豫地把哑铃加到自己的训练计划里。

制订训练计划

要取得最好的训练结果，关键在于制订科学的训练计划。如果不遵循周密合理的训练计划，再多的技巧和再高的训练频率也不能达到最好的效果。制订周详的阻力训练计划看上去像是一个艰巨的任务，在某种程度上确实如此，因为可供选择的项目和需要考虑的因素都很多。不过在思考和梳理之后，这个任务就变得简单易行了。

选择训练体系

制订训练计划需要考虑众多因素，其中首要的一项工作是选择训练体系。首先要根据现有的经验选择最符合训练目标的训练方法，再根据训练目标制订训练计划。例如，我的思路是围绕阻力训练，提高爆发力和运动能力，所以训练计划是自由力量训练，重点在奥林匹克风格的运动，如抓举、下蹲翻和挺举，这些动作会用到几乎身体的所有主要肌肉群。除了常见的杠铃训练，我还在健身中加入了大量的哑铃训练，充分利用哑铃的优点（见第1章）。尽管有着20年的力量和体能教练经验，我一直在对这种训练方法进行优化，并且加以实践。我在不断努力改进健身课程的同时，已经找到了一个可靠的训练方法，并且一直坚持使用。我很久前就这样讲，但是如果真的有一天，这种训练方法卓有成效，甚至已经没有改进的必要，那也就是我应该退休的时候了。

按照科学和经验规划训练体系

根据科学和实际经验，建立起自己的一套理念，这听起来有些奇怪，但人们对有关力量和体能的科学还没有透彻掌握，谁也无法证明除了自己的训练方法是正确的，其他人的方法都是错误的。正因为如此，如果请5位力量和体能教练针对某一具体运动各自编制训练计划，得到的将是5个不同的结果。这些训练计划可能有许多类似之处，但是绝不会一模一样。

制订训练计划的有趣之处在于，它一部分是科学，一部分是艺术，其艺术性来源于创新，可以选择你认为最能提高运动成绩的方法来编制计划。尽管艺术性提供了创新的空间，训练计划最重要的根基还是科学。数不尽的科学文献为制订训练计划提供了可靠参考，如果你对这些资料很熟悉，就能够对所编制的训练计划的科学性充满自信。

要经常阅读定位于运动科学领域的同行评议期刊和教材，才能科学地制订训练计划。从网上（资深杂志的网站除外）或是杂货店买到的杂志上获取的信息，都是没有参考价值的。

训练周期

训练周期是指将训练分为若干循环，每个循环针对一种生理适应。训练周期本身的内容，就足够写一本教材了，在这里仅做简要介绍。训练周期有许多不同的实现方法。典型的力量型运动的训练周期，其训练顺序通常如下。

1. **热身**——训练组数少，强度低，为后面的更高难度训练做准备。

2. **肌肉增大**——训练组数多，强度中等，增大肌肉体积和肌肉耐力。其中，增大肌肉体积更为重要，因为肌肉的体积与肌肉的力量成正比关系。

3. **力量**——训练组数较多，强度高，提高力量的极限，因为力量与爆发力相关。

4. **爆发力**——训练组数少，强度高，将力量的提高转换为爆发力的增加。

5. **模拟比赛**——训练组数少，强度高，在模拟比赛中将肌肉体积、力量和爆发力的增长固化。

与典型的力量型运动相比，爆发力和耐力型运动（如英式足球）的训练周期略有不同。例如，在爆发力训练后，进行组数多、强度中等的爆发力和耐力训练，该训练以爆发力为主，目的在于同时提高爆发力和耐力。模拟比赛则包含肌肉体积、爆发力和耐力训练，训练组数少，强度高。

1. **热身**——训练组数少，强度低，为后面的更高难度训练做准备。

2. **肌肉增大**——训练组数多，强度中等，增大肌肉体积和肌肉耐力。其中，增大肌肉体积更为重要，因为肌肉的体积与肌肉的力量成正比关系。

3. **力量**——训练组数较多，强度高，提高力量的极限，因为力量与爆发力相关。

4. **爆发力**——训练组数少，强度高，将力量的提高转换为爆发力的增加。

5. **耐力和爆发力**——训练组数多，强度中等，强调爆发力，目的在于同时提高爆发力和耐力。

6. **模拟比赛**——训练组数少，强度高，在模拟比赛中将肌肉体积、力量和爆发力的增长固化。

具体的训练项目、项目的顺序和时间长度，根据训练目标、健身者的年龄、健身经验和生理需求等因素而有所区别。谨慎地控制下面这些训练条件，有助于达到各训练项目所需的生理适应。

休息时间

不同训练项目和组数之间的休息时间长度，会影响到训练的适应问题。休息时间与训练负荷密切相关，负荷越大，休息时间就需要越长。休息时间与训练目标的关系如下。

训练目标	休息时间
力量	2~5分钟
爆发力	2~6分钟
肌肉增大	30~90秒
肌肉耐力	30秒或更短

训练强度

训练强度，或称提举质量，是根据训练目标决定的。例如要增大肌肉，每组训练的重复次数通常较多（如8~12次），相应地，训练强度就要降低一些，允许健身者能够完成规定的次数。相反，如果是力量训练，每组训练的重复次数较少（如1~6次），训练强度就要增大。训练强度常以1 RM表示，即一次能够举起的最大质量，不同训练的强度可参考表2.1。

表2.1 训练强度参考表

训练目标		负荷（%1 RM）	重复次数
力量		>85%	≤6
爆发力	单项训练	80%~90%	1~2
	组合训练	75%~85%	3~5
肌肉增大		65%~85%	6~12
肌肉耐力		<65%	>12

选择训练方式

由于阻力训练方式很多，选择最有助于提高运动成绩的训练方式，是很重要的一步。选择训练方式，要考虑到年龄、身体发育、健身经验、伤病情况、训练目标和训练器材等因素。

年龄

较年轻和未成年的健身者应选择简单和低难度的训练方式，逐步提高力量和技巧。如果使用组合器械，就要注意孩子们也许还不懂怎样正确使用它。如果使用杠铃，对于年轻的健身者来说杠铃太重，他们在做某些训练时的姿势就会变形。综合来看，哑铃才是合适的训练器材。哑铃用法简单易学，最轻的哑铃甚至不到2.3千克。

哑铃训练适合所有年龄段。尽管老年人也能使用组合器械，但即便调成最轻的质量，也难以保证他们训练动作的正确和安全。杠铃也是如此。哑铃才是安全而有效的。

健身经验

如果健身者没有健身经验，或是经验很少，就应当从简单训练开始。健身者逐渐熟练后，再选择难度较高的训练（如下蹲翻和高翻），或是选择负荷更大的训练。如果健身者具有丰富的经验，就可以进行更难和更有挑战性的训练（如弓步上举哑铃和弓步）。高难度的训练需要数个关节互相协作，因此全身都得到了锻炼。这些训练调动了更多的肌群，但如果动作错误，也会更容易受伤。

伤病情况

伤病的严重程度将会对训练选择产生很大影响，受伤的健身者应选择不会加重伤势的训练。

训练目标

训练的选择要基于训练目标。如果训练目标是一般素质训练，可以选择组合器械训练；如果是健美运动员，则应选择单独关节训练（如二头肌屈接），因为这些训练强调的是肌肉增大。体育项目中的运动都是多关节协同的（如跑步、跳远和投掷），爆发力是取胜的关键，职业运动员会选择强调运动速度的立姿多关节训练，通常是自由质量训练。

训练器材

训练器材也影响到训练的选择。健身场所现有的训练器材决定了所能训练的项目。

训练顺序

除了少数例外情况，训练安排应参照以下顺序。

- 在做较慢动作的训练前（如深蹲），先做爆发力的多关节训练（如下蹲翻），因为后者需要更多体力和技巧，要在体力充沛时进行。
- 在做针对小肌肉群的单关节训练前（如腿部伸展），先做针对大肌肉群的多关节训练（如硬拉），因为后者需要更多的体力和技巧。
- 最后做针对小肌肉群的单关节训练（如三头肌伸展）。这些训练需要的体力最少，难度也较低。

训练组数

训练经验很少或没有训练过的人，在做单组训练的时候就会明显增大力量。随着训练的进行，多组训练能带来更多的力量提升。如果要提高力量和爆发力的极限，多组训练更有效。但是，训练组数超过3组，效果就会打折扣。以力量提升为例，做4组和做6组只比做3组效果好一点。不过，在竞技项目中，成绩上的微弱领先也会带来巨大的差距，因此训练超过3组也是有意义的。大多数需要力量和爆发力的运动员（如举重运动员和力量举运动员）通常做4~6组日常训练。

每组重复次数

每组的重复次数直接影响到训练的强度和体力安排。重复次数减少了，训练的负荷可以适当增加。当训练目标是爆发力（每组重复1~5次）或力量（每组重复次数少于6次），重复次数少，训练负荷就要较大。相反，重复次数增加，训练重点就变为肌肉增大（每组重复6~12次）或肌肉耐力（每组重复多于12次）。

训练频率

训练频率与健身者的需求、训练目标和具体的训练周期有关。例如在日常训练中，橄榄球运动员每周会做4~5次的阻力训练，而足球运动员每周会做2

次阻力训练，因为足球的力量要求比橄榄球要低。而在比赛期间，训练的目标从提高力量和爆发力变为保持当前水平，因此橄榄球运动员的训练频率会降低到每周1次或2次。

训练计划样本

本节以大学英式足球为例，循序渐进地演示如何编制训练计划。在大学联赛里，英式足球是秋季运动，在8月初开始集训，11月或12月是常规赛，选出优胜队再参加季后赛。

赛季的长度是非常关键的信息。首先，它表明了淡季训练的开始日期。通常运动员要放假至少两周，用于缓解来自比赛的心理和生理压力。大学联赛里，运动员很难在决赛和冬休期间坚持训练。这样看来，与其在11月的淡季继续训练，中途还要受到决赛和冬休的干扰，不如在1月上旬开始训练更有意义。8月开始集训，也意味着进入了淡季。根据淡季训练开始和结束的日期，就可以算出淡季训练的周数。按照大学校历，除去春假的一个星期，大约有28周可以用于淡季训练。

体能要求

下一步要确定的是运动的体能要求。英式足球是一项耐力和爆发力的运动（守门员除外）。相反，投掷铁饼主要靠爆发力，马拉松则是耐力运动。研究表明，根据不同比赛级别，运动员在一场英式足球比赛里的奔跑距离从1.77千米到9.65千米不等，随着年龄、竞技水平和位置而有所区别。由于比赛的主要休息时间仅是短暂的暂停，体力要求就显得更加严格。比赛中没有连续的慢速奔跑，而只是穿插在慢跑和步行之间的短距离疾速奔跑，因此爆发力也很重要。在比赛的关键时刻，运动员必须以速度和爆发力进行对抗，由此决定比赛的胜负。

决定训练周期

对大学足球联赛来说，每场比赛都是同等重要的（田径和游泳则相反，运动员是在一局比赛中争夺名次）。因此要在赛季开始前，把运动员的耐力和爆发力提升到最佳状态，使他们从第一场比赛就发挥出较高水平，在整个赛季中也能保持这种状态。淡季训练时间为28周，为了让运动员在激烈的新赛季开始时保持最佳状态，淡季训练的内容设计要最大限度地提升耐力和爆发力。

在赛季结束后，运动员有几周假期，期间不进行常规阻力训练。在开始淡季训练时，运动员的状态将略有退步。淡季训练应先进行恢复训练，以组数少、强度低的训练为主，减少肌肉酸痛。因此，淡季训练首先是恢复训练周期，然后才是耐力和爆发力训练周期。

如果要提高爆发力，最好先强化力量，因为力量和爆发力是成正比关系的。另外，要强化力量，增大肌肉体积是最有效的，因为肌肉体积与力量成正比。恢复训练周期完成后，要进行肌肉增大训练，目的在于增大肌肉体积以强化力量。肌肉体积增大后，就要提升力量了（因为力量和爆发力有正比关系），这时应进行力量训练。力量增强后，就要开始提高爆发力，提升运动能力。这一步完成后，就是淡季训练的最后一个周期，即耐力和爆发力训练。各训练周期的顺序和时间如下。

恢复周期——4周
肌肉增大——6周
力量训练——6周
爆发力训练——6周
耐力和爆发训练——6周

改进训练计划

上述进度安排既满足了提高耐力和爆发力的要求，又充分利用了28周的淡季训练时间。但它依然有一些改进的余地。首先，训练的目的是保持身体的持续紧张。而身体会努力调整并迅速适应，降低训练带来的紧张。因此，较短的训练周期会使训练更加多样化，保持训练的压力水平，有助于身体维持紧张状态。

上述训练顺序也存在一定瑕疵，每个训练周期（不包括恢复训练）都是6周，看起来要在足球比赛中发挥最佳水平，这些生理适应（如肌肉增大和力量）的重要性不分伯仲。我认为这并不是足球运动的真实情况。例如，足球运动员是增大肌肉重要还是提高耐力和爆发力重要？增大肌肉的意义在于有效提高力量。对足球运动员来说，我认为提高耐力和爆发力更重要，增大肌肉则次之。

我强调耐力和爆发力，是因为它们对竞技水平的影响更大。因此我推荐安排这样的训练周期。

恢复训练——1周

肌肉增大——3周

力量训练A——3周

力量训练B——3周

爆发力训练——4周

肌肉增大（重复训练）——3周

力量训练B（重复训练）——3周

耐力和爆发力训练A——4周

耐力和爆发力训练B——4周

训练计划样本

训练周期安排越精细，训练就越丰富多变，身体会一直保持紧张，同时有效提高爆发力和耐力。现在确定了训练的顺序和周期，就可以细化各周期的训练项目以取得预期效果。第一个训练周期是恢复训练。请注意，此训练计划是基于作者的训练理念，实际上可用于训练运动员的方法还有许多。

恢复训练

长度 1周

目标 使运动员适应阻力训练的要求，强调训练技巧。

强度 在完成合格动作和规定次数的前提下，所能承受的最大负荷。

节奏 全身训练要动作快、有爆发力。其他训练3秒举起，3秒放下。

休息 每组或每项训练之间休息2分钟。

次数和组数

周数	恢复训练
1	全身训练=3×6 核心训练=3×8

周二	周四
全身训练	
下蹲翻（用哑铃，起始高度为地板或小腿一半高度）：全身训练	借力推举：全身训练
下肢训练	
深蹲：核心训练	跨步：核心训练
直腿硬拉：核心训练	侧蹲：核心训练
躯干训练	
卷腹	卷腹转体
背肌伸展	转体背肌伸展
上肢训练	
卧推：核心训练	上斜卧推：核心训练
划船：核心训练	斜方肌拉：核心训练

注：表中术语如下。全身训练，指奥林匹克风格的训练，或是相关的训练；核心训练，指多关节训练，如深蹲；限时训练，指运动员要在指定时间内完成规定次数；辅助训练，指单关节训练，如胸前弯举；重量训练，指利用器械增加训练强度；实心球，指利用实心球进行训练（实心球适合蓄力投掷，因此常用在提高爆发力的训练中）；罗马尼亚硬拉；直腿硬拉；交替，指双腿或双臂交替训练。哑铃训练时，要像用全尺寸杠铃一样持握哑铃，哑铃杆的初始位置大概是小腿一半的高度。

恢复训练使运动员重新适应耐力训练的要求。每组中的重复次数决定了训练的强度，运动员要选择合适的负荷，用规范的动作完成规定的次数。在后面的训练中，第一组就决定了训练强度。运动员所选择的负荷较重，仅能顺利完成前两组训练，如果选择的负荷合理，通常运动员做完这两组后就已经力竭，无法完成余下组数的训练了。训练节奏（运动速度）在恢复训练中是比较慢的，每组或每项训练之间的休息时间也就较长。

选择训练项目，要以锻炼时的运动方式为依据，不能只关注肌肉群。在阻力训练中，力量和爆发力的增长与锻炼时采用的运动方式关系密切。锻炼的运动方式越接近比赛，训练的效果在赛场上发挥得越好。对足球运动员，我采取阻力训练方案来增强他们的运动能力，并不只是单纯地提高力量。因此，我设置的几乎所有训练项目都是哑铃训练。与运动机和杠铃相比，哑铃训练更强调平衡和身体的控制。训练的目的是提高赛场上的运动能力，而不是提高健身房所体现的力量。

训练项目选择与制订训练计划一样，要先统筹全局，再谋划细节。在淡季训练中，应针对比赛中的实际运动制定具体的训练项目。例如在恢复周期进行奥林匹克风格的简单训练（如推举）是有意义的，它可以提高力量，还能让运动员掌握动作要领。随着淡季训练的进行，训练内容也有所变化。接下来是耐力和爆发力训练，运动员将进行上下肢的交替训练，用以提高爆发力、协调性和平衡能力。

在训练顺序上，奥林匹克风格的训练排序最靠前，这有两个原因。首先，这些训练要求动作迅速。如果运动员已经乏累，就会影响到训练时的动作速度。其次，这些训练动作要领复杂，如果运动员体力下降，就很难正确地完成动作。完成了奥林匹克风格训练，接下来是大肌肉群的训练。在这些训练中，连续两天都涉及下肢训练，因此下肢训练要排在全身训练后面。下肢训练需要许多体力，所以要在体力水平较高的时候进行。

运动员完成下肢训练后，接着进行躯干训练。通常躯干训练是排在训练计划的末尾。健壮的躯干对运动能力来说至关重要，根据我个人的经验，如果把躯干训练排在最后，许多人不会按照规定的强度进行训练。如果不是在训练的最后，而是在整个训练的中途安排躯干训练，运动员就能按照规定强度完成这些训练了。

在训练快要结束时，运动员的体力水平较低，此时进行小肌肉群（如胸部和肩部）的训练。在疲劳阶段做这些训练比较安全。恢复阶段训练后，运动员将进行肌肉增大训练。

肌肉增大训练

长度　3周

目标　增大肌肉体积，因为肌肉体积与力量成正比关系。

强度　在完成合格动作和规定次数的前提下，所能承受的最大负荷。

节奏　全身训练要动作快，有爆发力。其他训练3秒举起，3秒放下。

休息　全身训练每组之间休息1分30秒，其他训练每组之间休息1分钟。

次数和组数

周数	肌肉增大训练
1	全身训练＝3×6 核心训练＝3×12
2	全身训练＝3×4 核心训练＝3×10
3	全身训练＝3×6 核心训练＝3×12

周二	周四
全身训练	
下蹲翻或下蹲：全身训练	前蹲或借力推举：全身训练
增强式跳箱3×6	增强式侧边跳箱3×6
下肢训练	
弓箭步：核心训练	前蹲：核心训练
超级组*：侧跨步接腿弯举：核心训练	超级组*：侧跨步接腿弯举：核心训练
稳定度训练1×60秒（每条腿）**	
躯干训练	
负重V形举腿3×25	扭转卷腹3×25
胸肌和上背部训练	
超级组：卧推和上斜卧推：核心训练	超级组：卧推和上斜卧推：核心训练
超级组	
超级组：划船和立正划船：核心训练	超级组：划船和立正划船：核心训练

　＊如果连续进行两种训练，中途不休息，就称作超级组。

　＊＊在稳定性训练中，运动员单脚站立，闭上双眼。搭档用适当的力度，推拉他的肩膀，迫使运动员跳动以保持平衡。在训练的60秒中，搭档会站在运动员身旁，不断做推拉的动作。在每次被推拉之前，运动员都要努力恢复平衡和身体的稳定。

　　为确保达到肌肉增大的效果，我们调整了一些训练的变量。首先，我们将肢体运动的速度减缓，以增加训练刺激的时间。其次，我们把每组的训练次数增多，同时减少休息时间。因为训练次数多、训练间隔短的阻力训练能有效增加睾丸酮和生长激素水平，这两种激素对肌肉增大都有重要意义。请注意，每周的训练项目，各组的次数都不同。例如，在第1周和第3周里，核心训练是3组，每组12次；但第2周则是3组，每组10次。这是因为，运动员根据训练的重复次数来选择训练负荷，更改了训练的重复次数，运动员就要据此重新选择训练负荷，也就改变了训练强度。另外，超级组对肌肉增大也有帮助，因此加在了训练计划里。

力量训练A

长度 3周

目标 增大肌肉力量，因为力量与爆发力成正比关系。

强度 在完成合格动作和规定次数的前提下，所能承受的最大负荷。

节奏 全身训练要动作快，有爆发力。其他训练2秒举起，2秒放下。

休息 每组或每项训练之间休息2分钟。

次数和组数

周数	力量训练A
1	全身训练=3×4 核心训练=3×6
2	核心训练=3×2 核心训练=3×4
3	全身训练=3×4 核心训练=3×6

周二	周四
全身训练	
下蹲翻（小腿高度）：全身训练	分腿交替挺举：全身训练
复合训练：锥箱跳3×3	复合训练：侧锥箱跳3×3
下肢训练	
单脚深蹲：核心训练	弓箭步：核心训练
直腿硬拉：核心训练	侧跨步：核心训练
躯干训练	
躯干斜面卷腹3×12	躯干斜面转体3×12
稳定性训练1×60秒（每条腿）	
胸肌和上肢训练	
卧推：核心训练	坐姿划船：核心训练

注：在复合训练中，运动员先进行阻力训练（如高翻），中途没有休息，接着进行超等长训练。在开始下一组复合训练前，运动员有2分钟的休息时间。

在超等长训练之后安排了两种力量训练。超等长训练也包含在训练计划中，它强调肌肉的压缩（离心收缩）后立即施以肌肉的拉伸（向心收缩），通常用来锻炼肌肉的爆发力。例如，常见的超等长训练会有一个跃下跳箱的动作，从而形成半蹲踞姿势（此时股四头肌处于离心收缩），紧接着会用最快的速度用力跳离地面（此时股四头肌处于向心收缩）。实践证明，超等长训练对肌肉爆发力增长有着显著效果。

力量训练B

长度 3周

目标 增大肌肉力量，因为力量与爆发力成正比关系。

强度 在完成合格动作和规定次数的前提下，所能承受的最大负荷。

节奏 全身训练要动作快，有爆发力。其他训练2秒举起，2秒放下。

休息 每组或每项训练之间休息2分钟。

次数和组数

周数	力量训练B
1	全身训练=3×3 核心训练=3×4 辅助训练=3×5
2	全身训练=3×2 核心训练=3×2 辅助训练=3×5
3	全身训练=3×3 核心训练=3×4 辅助训练=3×5

周二	周四
全身训练	
交替箭步式抓举：全身训练	悬垂翻：全身训练
复合训练：锥箱跳3×3	复合训练：侧锥箱跳3×3
下肢训练	
单脚深蹲：核心训练	弓箭步：核心训练
罗马尼亚硬拉：核心训练	腿弯举：辅助训练
稳定性训练1×60秒（每条腿）	
躯干训练	
躯干斜面卷腹3×12	卷腹推举3×12
胸肌和上背部训练	
卧推：核心训练	坐姿划船：核心训练

在第一个爆发力训练周期前，这两个力量训练周期将把力量提升到最高水平。为了把训练的重心从肌肉增大转到提升力量上，在训练中要加快运动的速度，延长休息时间，减少重复次数。这样一来就可以增大训练强度。在力量训练中穿插的超等长训练能辅助提高速度、敏捷性和灵活性。在前两个力量训练周期里，将超等长训练安排在阻力训练之前，意在提高训练的强度和质量。

从力量训练A开始，超等长训练难度较高，要求运动员立刻从阻力训练转换到超等长训练，中间不经过任何休息。在足球比赛中，运动员尽管处在疲劳状态，也必须具备在比赛关键时刻进行激烈对抗的能力。这种训练正是模拟了体力下降时进行剧烈运动的比赛要求。

爆发力训练

长度 4周

目标 提高肌肉爆发力，因为爆发力与运动能力紧密相关。

强度 在完成合格动作和规定次数的前提下，所能承受的最大负荷。

节奏 全身训练要动作快，有爆发力。限时训练则根据时间要求和次数要求，合理安排训练节奏。

休息 每组或每项训练之间休息2分钟。

次数和组数

周数	爆发力训练
1	全身训练=3×4，70%最大质量 全身训练=3×4 限时训练=3×8，计时10秒 核心训练=3×8
2	全身训练=3×6，60%最大质量 全身训练=3×6 限时训练=3×10，计时13秒 核心训练=3×10
3	全身训练=3×4，70%最大质量 全身训练=3×4 限时训练=3×8，计时10秒 核心训练=3×8
4	全身训练=3×6，60%最大质量 全身训练=3×6 限时训练=3×10，计时13秒 核心训练=3×10

周二	周四
全身训练	
悬垂翻：全身训练	挺举：全身训练
复合训练：锥箱跳3×3	复合训练：侧锥箱跳3×3
下肢训练	
深蹲：限时训练	侧弓箭步：限时训练
躯干训练	
直腿硬拉：核心训练	实心球俯身投掷3×12
稳定性训练1×60秒	负重扭背伸展3×10
胸肌和上背部训练	
上斜式推举：限时训练	下拉：核心训练

爆发力训练周期最重要的变化是新增了最大质量百分比和限时训练。爆发力是速度和力量的结合，也可以看作瞬间所能爆发出的能量。由于爆发力源自速度和力量，第1周训练要重点提高速度，第2周要重点增强力量。

为了加快运动速度，全身训练规定了最大质量百分比。当最大质量百分比为30%时，肌肉的功率达到最大峰值。爆发力训练使用的最大质量百分比逐渐降低，因此运动速度逐渐加快。在限时训练中，运动员必须在规定时间内完成训练。运动员要在规定时间内完成规定次数，保证动作规范，在此前提下应选择能承受的最大质量。通过这种方式，逐渐把训练重点从提升力量转移到提高速度。

在爆发力训练后，运动员重复进行肌肉增大训练和力量训练B，以便在进入连续的2个耐力和爆发力训练周期前，进一步增大肌肉和提高力量，这2个训练周期将是淡季训练的尾声。

耐力和爆发力训练A

长度　4周

目标　提高肌肉爆发力，因为爆发力与运动能力紧密相关。

强度　在完成合格动作和规定次数的前提下，所能承受的最大负荷。

节奏　全身训练要动作快，有爆发力。限时训练则根据时间要求和次数要求，合理安排训练节奏。

休息　每组或每项训练之间休息1分30秒。

次数和组数

周数	耐力和爆发力训练A
1	全身训练=3×4，70%最大质量 全身训练=3×4 限时训练=3×8，计时10秒 核心训练=3×8
2	全身训练=3×6，60%最大质量 全身训练=3×6 限时训练=3×10，计时13秒 核心训练=3×10
3	全身训练=3×4，70%最大质量 全身训练=3×4 限时训练=3×8，计时10秒 核心训练=3×8
4	全身训练=3×6，60%最大质量 全身训练=3×6 限时训练=3×10，计时13秒 核心训练=3×10

周二	周四
全身训练	
分腿交替抓举：全身训练	挺举：全身训练
复合训练：锥箱跳3×3	复合训练：侧锥箱跳3×3
下肢训练	
弓箭步：限时训练（最大次数）	弓箭步交互跳：限时训练
侧蹲：限时训练	侧跨步：限时训练
躯干训练	
实心球高速转体3×18	实心球直立转体投掷3×18
稳定性训练1×60秒	直腿硬拉3×12
胸肌和上背部训练	
上斜式推举：限时训练	下拉：核心训练

耐力和爆发力训练B

长度 4周

目标 提高肌肉爆发力，因为爆发力与运动能力紧密相关。

强度 在完成合格动作和规定次数的前提下，所能承受的最大负荷。

节奏 全身训练要动作快，有爆发力。限时训练则根据时间要求和次数要求，合理安排训练节奏。

休息 每组或每项训练之间休息1分30秒。

为了在比赛前让运动员达到体能巅峰，我安排了2个连续的耐力和爆发力训练周期。足球运动的体能要求关系到耐力和爆发力。为了提高耐力，训练计划增加了重复次数，减少了各组训练间的休息时间。为了增强爆发力，训练计划继续采用限时训练，以提高发力速度。

次数和组数

周数	耐力和爆发力训练B
1	全身训练=3×5，60%最大质量 全身训练=3×5 限时训练=3×12，计时12秒 限时训练=3×12
2	全身训练=3×7，50%最大质量 全身训练=3×7 限时训练=3×15，计时18秒 核心训练=3×15
3	全身训练=3×5，60%最大质量 全身训练=3×5 限时训练=3×12，计时12秒 核心训练=3×12
4	全身训练=3×7，50%最大质量 全身训练=3×7 限时训练=3×15，计时18秒 核心训练=3×15

周二	周四
全身训练	
深蹲交替下蹲翻：全身训练	挺举：全身训练
复合训练：锥箱跳3×3	复合训练：侧锥箱跳3×3
下肢训练	
单腿深蹲：限时训练	侧跨步：限时训练
腿弯举：辅助训练	稳定性训练1×60秒
躯干训练	
直立高速转体3×20	实心球下斜俯身投掷3×20
负重背部伸展3×15	直腿硬拉3×12
上肢训练	
划船：限时训练	卧推：限时训练

这些训练模拟了足球比赛的运动情况。在耐力和爆发力训练B接近结束时，运动员将达到体能的巅峰状态。接下来的训练目的是保持这种体能巅峰。由于运动员在训练中会消耗大量时间和精力，训练的项目和每组的重复次数都要适当减少。

比赛训练

长度 6周

目标 保持现有的耐力和爆发力状态，因为耐力和爆发力关系到运动能力。

强度 在完成合格动作和规定次数的前提下，所能承受的最大负荷。

节奏 全身训练要动作快，有爆发力。限时训练则根据时间要求和次数要求，合理安排训练节奏。

次数和组数

周数	比赛训练
1	全身训练=3×4 全身训练=3×4 限时训练=3×10，计时10秒
2	全身训练=3×6 全身训练=3×6 限时训练=3×7，计时9秒
3	全身训练=3×4 全身训练=3×4 限时训练=3×10，计时10秒
4	全身训练=3×6 全身训练=3×6 限时训练=3×7，计时9秒
5	全身训练=3×4 全身训练=3×4 限时训练=3×10，计时10秒
6	全身训练=3×6 全身训练=3×6 限时训练=3×7，计时9秒

休息 全身训练每组之间休息1分30秒，其他训练每组之间休息1分钟。

周二	周四
全身训练	
悬垂翻：全身训练	分腿交替借力挺举：全身训练
下肢训练	
深蹲：限时训练	侧跨步：限时训练
腿弯举：限时训练	
躯干训练	
实心球单腿转体投掷3×10	下斜卧推3×10
负重背部伸展3×8	
稳定性训练1×60秒	
胸肌和上背部训练	
卧推：限时训练	下拉：限时训练

　　本训练周期没有采用超等长训练，运动员利用跑跳、急停、启动等作为训练内容和比赛热身。如果每天训练，每周2次模拟比赛，每周2次阻力训练，每周2次超等长训练，这样很容易导致训练过量。本训练周期的训练重点必须与比赛内容相关，不符合要求的训练方式暂时不予考虑。

结束语

　　对力量和体能教练来说，制订有效的阻力训练计划是非常重要的任务。对想要达到运动能力巅峰的运动员来说，他们需要的是科学的力量和体能训练计划。为运动员提供最好的训练计划，是力量和体能教练的职责所在。尽管制订高质量的训练计划要用很长时间，但为了运动员，这些心血花费是理所应当的。如果想提高运动能力，有效的阻力训练计划必不可少，科学的力量和体能训练计划将会助你一臂之力。虽然制订训练计划耗时颇久，但它绝对物超所值。

将哑铃加入到现有训练计划

在现有训练计划中加入哑铃，是一件简单的工作，因为几乎所有的杠铃和运动机训练，都可以用哑铃来实现。这项工作的困难之处在于，要决定把哪些训练转成哑铃训练，以及把它们转换成什么方式的哑铃训练。

要决定把哪些训练转成哑铃训练，需要考虑以下几个因素。首先，运动的需求是什么？如果运动的需求是力量，以橄榄球比赛的进攻内锋为例，就应以杠铃训练为重点，以多样化的哑铃训练作为补充。这样做的原因很简单，杠铃训练所提供的负荷要比哑铃更高。例如，如果进攻内锋的卧推质量是136千克，要举起相同重量的哑铃，运动员需要使用68千克的哑铃，这样的哑铃实在是太大了。在某些训练场馆里，也可以找到这样的哑铃，不过它们的使用频率，尤其是哑铃卧推，可以说屈指可数。

这并不意味着进攻内锋可以完全无视哑铃训练。相比其他训练方式，哑铃训练有着独特的优势。运动员应当重视杠铃训练，同时发挥哑铃训练的优势。作为科罗拉多州立大学的力量和体能主教练，我为橄榄球队球员制订了力量训练计划，主力球员（进攻和防守内锋、近边锋和后位）每周要进行3次阻力训练，其中2次是杠铃训练，1次是哑铃训练。胜任这些位置需要很强的力量，因此杠铃训练要作为重点，以此增大肌肉体积和提高力量水平，另外再安排1天的哑铃训练作为补充。

橄榄球队里技术含量较高的位置（如四分卫、跑卫、外接员、防守绊锋和踢球员）也是每周训练3次，不过训练重点有所不同。这些位置也要求力量和爆发力，但运动技能和比赛技术也同等重要。因此运动员要重视哑铃训练（也包括杠铃训练），以此提高比赛所要求的协调性、平衡性和运动能力。力量型位置和技术型位置每周都要进行2次下蹲翻、深蹲和卧推（或其他相关训练项目），1次使用杠铃，1次使用哑铃。

足球运动员则只使用哑铃进行训练。足球运动的力量要求比橄榄球低，但技巧性要强很多。它要求有极高的平衡性、协调性、敏捷度和运动能力。因此足球运动员仅进行哑铃训练是合理可行的。

训练计划的编制，除了因运动和运动员的比赛位置而有所不同，还要根据哑铃训练的频率做适当修改。例如力量型位置的足球运动员，应每周做1次哑铃的全身训练。运动员先做哑铃的奥林匹克举，然后用哑铃进行下肢训练、躯干训练和上肢训练。因为每周仅有1次哑铃训练，就要把下肢和上肢都练到。技术型位置的足球运动员用1个哑铃训练日进行下肢训练，在其他哑铃日进行上肢训练（下肢训练和上肢训练都以哑铃的奥林匹克举为热身运动），在杠铃训练日里进行下肢和上肢训练。通过这种方法，每周可以锻炼2次下肢和上肢，1次使用杠铃，1次使用哑铃。因为足球运动员的力量要求略低，每周只要针对主要肌肉群做2次力量训练即可。

训练项目的选择有阶段性，淡季训练初期进行基础训练，淡季训练中后期进行复合训练。随着赛季的到来，训练越来越强调运动能力。例如在淡季训练初期，运动员进行哑铃借力推举训练，接下来进行挺举训练，然后是交替足挺举，最后是交替臂加交替足挺举。

虽然把现有的训练计划转换成哑铃训练并不困难，但要根据比赛的需求和具体的训练项目来编制计划，也是要耗费不少心血的。

杠铃训练样本

垒球运动员的训练首选杠铃。训练重点首先是增大肌肉体积，其次是提高力量水平。训练量（如休息时间、节奏和强度）要根据训练目标而定。如果训练目标是增大肌肉，休息时间就要比训练目标是提高力量时更短，因为更短的休息时间适合增大肌肉体积，而更长的休息时间有利于增长力量。

投手比其他位置的运动员训练时的重复次数更多，这是因为比赛对投手的耐力要求更高。为了增强耐力，投手会重复更多组训练动作。

肌肉增大和力量训练周期：杠铃

周一

长度 5周

目标 增大肌肉体积，因为肌肉体积与力量是正比关系。

强度 在完成每组全部次数的前提下，所能承受的最大负荷。

节奏 全身训练要动作快，有爆发力。肌肉增大训练3秒放下。力量训练2秒放下。

次数和组数

周数	力量训练：场上球员*	力量训练：投手*
1	全身训练=4×4 核心训练=3×8	全身训练=4×4 核心训练=3×9
2	全身训练=4×4 核心训练=3×8	全身训练=4×4 核心训练=3×9
3	全身训练=4×4 核心训练=3×8	全身训练=4×4 核心训练=3×9
4	全身训练=4×4 核心训练=3×8	全身训练=4×4 核心训练=3×9
5	全身训练=4×4 核心训练=3×8	全身训练=4×4 核心训练=3×9

*力量训练：做满每组的重复次数。

休息 肌肉增大训练：全身训练每组之间休息1分30秒，其他训练每组之间休息1分钟。力量训练：每组之间休息2分钟。

	第1周	第2周	第3周	第4周	第5周
全身训练					
下蹲翻：全身训练	4×4+4×4	4×2+4×2	4×4+4×4	4×2+4×2	4×2
负荷质量					
下肢训练					
深蹲：核心训练	3×8-7-6+ 3×9-8-7	3×5-4-3+ 3×7-6-5	3×8-7-6+ 3×9-8-7	3×5-4A-3+ 3×7-6-5	3×5-4-3
负荷质量					
直腿硬拉：核心训练 深蹲：核心训练	3×8-7-6+ 3×9-8-7	3×5-4-3+ 3×7-6-5	3×8-7-6+ 3×9-8-7	3×5-4A-3+ 3×7-6-5	3×5-4-3
负荷质量					
上肢训练					
卧推：核心训练	3×8-7-6+ 3×9-8-7	3×5-4-3+ 3×7-6-5	3×8-7-6+ 3×9-8-7	3×5-4A-3+ 3×7-6-5	3×5-4-3
负荷质量					
躯干训练					
跪姿扭腰	3×15	3×15	3×15	3×15	3×12
负荷质量					
肩袖训练					
空罐试验	2×12	2×12	2×12	2×12	2×12
负荷质量					

注意：全身训练即奥林匹克式的训练或相关训练；核心训练即多关节训练，如深蹲；交替即两腿或两臂交替练习。

周三

长度　5周

目标　增大肌肉体积，因为肌肉体积与力量是正比关系。

强度　在完成每组全部次数的前提下，所能承受的最大负荷。

节奏　全身训练要动作快，有爆发力。肌肉增大训练3秒放下。力量训练2秒放下。

次数和组数

周数	力量训练：场上球员*	力量训练：投手*
1	全身训练=4×4 核心训练=3×8	全身训练=4×4 核心训练=3×9
2	全身训练=4×4 核心训练=3×8	全身训练=4×4 核心训练=3×9
3	全身训练=4×4 核心训练=3×8	全身训练=4×4 核心训练=3×9
4	全身训练=4×4 核心训练=3×8	全身训练=4×4 核心训练=3×9
5	全身训练=4×4 核心训练=3×8	全身训练=4×4 核心训练=3×9

* 力量训练：每组次数 × 组的重复次数。

休息　肌肉增大训练：全身训练每组之间休息1分30秒，其他训练每组之间休息1分钟。力量训练：每组之间休息2分钟。

	第1周	第2周	第3周	第4周	第5周
全身训练					
下蹲翻：全身训练	4×4+4×4	4×2+4×2	4×4+4×4	4×2+4×2	4×2
负荷质量					
下肢训练					
深蹲：核心训练	3×8-7-6+ 3×9-8-7	3×5-4-3+ 3×7-6-5	3×8-7-6+ 3×9-8-7	3×5-4A-3+ 3×7-6-5	3×5-4-3
负荷质量					
直腿硬拉：核心训练	3×8-7-6+ 3×9-8-7	3×5-4-3+ 3×7-6-5	3×8-7-6+ 3×9-8-7	3×5-4A-3+ 3×7-6-5	3×5-4-3
负荷质量					
上肢训练					
卧推：核心训练	3×8-7-6+ 3×9-8-7	3×5-4-3+ 3×7-6-5	3×8-7-6+ 3×9-8-7	3×5-4A-3+ 3×7-6-5	3×5-4-3
负荷质量					
躯干训练					
跪姿扭腰	3×15	3×15	3×15	3×15	3×12
负荷质量					
肩袖训练					
空罐实验	2×12	2×12	2×12	2×12	2×12
负荷质量					

（接下页）

肌肉增大和力量训练周期：杠铃（接上页）
周五

长度 5周

目标 增大肌肉体积，因为肌肉体积与力量是正比关系。

强度 在完成每组全部次数的前提下，所能承受的最大负荷。

节奏 全身训练要动作快，有爆发力。肌肉增大训练3秒放下。力量训练2秒放下。

休息 肌肉增大训练：全身训练每组之间休息1分30秒，其他训练每组之间休息1分钟。力量训练：每组之间休息2分钟。

次数和组数

周数	肌肉增大训练：场上球员*	肌肉增大训练：投手*	肌肉增大训练：场上球员	肌肉增大训练：投手
1	全身训练=4×5 核心训练=3×10	全身训练=4×5 核心训练=3×12	全身训练=4×4 核心训练=3×8	全身训练=4×4 核心训练=3×9
2	全身训练=4×3 核心训练=3×8	全身训练=4×3 核心训练=3×10	全身训练=4×4 核心训练=3×8	全身训练=4×4 核心训练=3×9
3	全身训练=4×5 核心训练=3×10	全身训练=4×5 核心训练=3×12	全身训练=4×4 核心训练=3×8	全身训练=4×4 核心训练=3×9
4	全身训练=4×3 核心训练=3×8	全身训练=4×3 核心训练=3×10	全身训练=4×4 核心训练=3×8	全身训练=4×4 核心训练=3×9
5	全身训练=4×2 核心训练=3×6	全身训练=4×2 核心训练=3×6	全身训练=4×4 核心训练=3×8	全身训练=4×4 核心训练=3×9

*肌肉增大训练：做满每组的重复次数。

	第1周	第2周	第3周	第4周	第5周
全身训练					
挺举：全身训练	4×5	4×3	4×5	4×3	4×2
负荷质量					
胸部训练					
上斜推举：核心训练	3×10+3×12	3×8+3×10	3×10+3×12	3×8+3×10	3×6
负荷质量					
下拉：核心训练	3×10+3×12	3×8+3×10	3×10+3×12	3×8+3×10	3×6
负荷质量					
稳定性训练	1×45秒	1×45秒	1×45秒	1×45秒	1×45秒
每条腿					
躯干训练					
下斜负重转体	3×15+3×20	3×15+3×20	3×15+3×20	3×15+3×20	3×12
负荷重量					
肩袖和肩胛骨训练					
肩外旋	2×12	2×12	2×12	2×12	2×12
负荷质量					
哑铃侧平举	2×12	2×12	2×12	2×12	2×12
负荷质量					

哑铃训练样本

接下来的3个训练计划与上面的3个有所不同，训练目标和训练参数是一样的，但训练方式调整为使用哑铃训练。

肌肉增大和力量训练周期：哑铃

周一

长度 5周

目标 增大肌肉体积，因为肌肉体积与力量是正比关系。

强度 在完成每组全部次数的前提下，所能承受的最大负荷。

节奏 全身训练要动作快，有爆发力。其他训练也要尽量有爆发力，3秒放下。

休息 全身训练每组之间休息1分30秒，其他训练每组之间休息1分钟。

次数和组数

周数	力量训练：场上球员*	力量训练：投手*
1	全身训练=4×5 核心训练=3×10	全身训练=4×5 核心训练=3×12
2	全身训练=4×3 核心训练=3×8	全身训练=4×3 核心训练=3×10
3	全身训练=4×5 核心训练=3×10	全身训练=4×5 核心训练=3×12
4	全身训练=4×3 核心训练=3×8	全身训练=4×3 核心训练=3×10
5	全身训练=4×2 核心训练=3×6	全身训练=4×2 核心训练=3×6

*力量训练：做满每组的重复次数。

	第1周	第2周	第3周	第4周	第5周
全身训练					
悬垂翻：全身训练	4×5	4×3	4×5	4×3	4×2
负荷质量					
下肢训练					
单腿深蹲：核心训练	3×10+3×12	3×8+3×10	3×10+3×12	3×8+3×10	3×6
负荷质量					
侧蹲：核心训练	3×10+3×12	3×8+3×10	3×10+3×12	3×8+3×10	3×6
负荷质量					
躯干训练					
触足卷体	3×15+3×20	3×15+3×20	3×15+3×20	3×15+3×20	3×12
负荷质量					
背肌训练					
划船：核心训练	3×10+3×12	3×8+3×10	3×10+3×12	3×8+3×10	3×6
负荷质量					
肩袖和肩胛骨训练					
肩内旋	2×12	2×12	2×12	2×12	2×12
负荷质量					
哑铃侧平举	2×12	2×12	2×12	2×12	2×12
负荷质量					

肌肉增大和力量训练周期：哑铃（接上页）

周三

长度 5周

目标 增大肌肉体积，因为肌肉体积与力量是正比关系。

强度 在完成每组全部次数的前提下，所能承受的最大负荷。

节奏 全身训练要动作快，有爆发力。肌肉增大训练：要有爆发力，3秒放下。力量训练：要有爆发力，2秒放下。

休息 肌肉增大训练：全身训练每组之间休息1分30秒，其他训练每组之间休息1分钟。力量训练：每组之间休息2分钟。

次数和组数

周数	力量训练：场上球员*	力量训练：投手*
1	全身训练=4×4 核心训练=3×8	全身训练=4×4 核心训练=3×9
2	全身训练=4×2 核心训练=3×8	全身训练=4×2 核心训练=3×7
3	全身训练=4×4 核心训练=3×8	全身训练=4×4 核心训练=3×9
4	全身训练=4×2 核心训练=3×8	全身训练=4×2 核心训练=3×7
5	全身训练=4×4 核心训练=3×8	全身训练=4×4 核心训练=3×9

*力量训练：做满第1组的重复次数。

	第1周	第2周	第3周	第4周	第5周
全身训练					
下蹲翻：全身训练	4×4+4×4	4×2+4×2	4×4+4×4	4×2+4×2	4×2
负荷质量					
下肢训练					
深蹲：核心训练	3×8-7-6+ 3×9-8-7	3×5-4-3+ 3×7-6-5	3×8-7-6+ 3×9-8-7	3×5-4-3+ 3×7-6-5	3×5-4-3
负荷质量					
直腿硬拉：核心训练	3×8-7-6+ 3×9-8-7	3×5-4-3+ 3×7-6-5	3×8-7-6+ 3×9-8-7	3×5-4-3+ 3×7-6-5	3×5-4-3
负荷质量					
上肢训练					
卧推：核心训练	3×8-7-6+ 3×9-8-7	3×5-4-3+ 3×7-6-5	3×8-7-6+ 3×9-8-7	3×5-4-3+ 3×7-6-5	3×5-4-3
负荷质量					
躯干训练					
跪姿扭腰	3×15	3×15	3×15	3×15	3×12
负荷质量					
肩袖训练					
空罐实验	2×12	2×12	2×12	2×12	2×12
负荷质量					

周五

长度 5周

目标 增大肌肉体积，因为肌肉体积与力量是正比关系。

强度 在完成每组全部次数的前提下，所能承受的最大负荷。

节奏 全身训练要动作快，有爆发力。肌肉增大训练：要有爆发力，3秒放下。力量训练：要有爆发力，2秒放下。

休息 肌肉增大训练：全身训练每组之间休息1分30秒，其他训练每组之间休息1分钟。力量训练：每组之间休息2分钟。

次数和组数

周数	力量训练：场上球员*	力量训练：投手*	力量训练：场上球员	力量训练：投手
1	全身训练=4×5 核心训练=3×10 辅助训练=3×10	全身训练=4×5 核心训练=3×12 辅助训练=3×12	全身训练=4×4 核心训练=3×8 辅助训练=3×8	全身训练=4×4 核心训练=3×9 辅助训练=3×10
2	全身训练=4×3 核心训练=3×8 辅助训练=3×10	全身训练=4×3 核心训练=3×10 辅助训练=3×12	全身训练=4×4 核心训练=3×8 辅助训练=3×8	全身训练=4×4 核心训练=3×9 辅助训练=3×10
3	全身训练=4×5 核心训练=3×10 辅助训练=3×10	全身训练=4×5 核心训练=3×12 辅助训练=3×12	全身训练=4×4 核心训练=3×8 辅助训练=3×8	全身训练=4×4 核心训练=3×9 辅助训练=3×10
4	全身训练=4×3 核心训练=3×8 辅助训练=3×10	全身训练=4×3 核心训练=3×10 辅助训练=3×12	全身训练=4×4 核心训练=3×8 辅助训练=3×8	全身训练=4×4 核心训练=3×9 辅助训练=3×10
5	全身训练=4×2 核心训练=3×6 辅助训练=3×10	全身训练=4×2 核心训练=3×6 辅助训练=3×12	全身训练=4×4 核心训练=3×8 辅助训练=3×8	全身训练=4×4 核心训练=3×9 辅助训练=3×10

*肌肉增大训练：做满每组的重复次数。

（接下页）

肌肉增大和力量训练周期：哑铃（接上页）

	第1周	第2周	第3周	第4周	第5周
全身训练					
挺举：全身训练	4×5	4×3	4×5	4×3	4×2
负荷质量					
胸部训练					
上斜卧推：核心训练	3×10+3×12	3×8+3×10	3×10+3×12	3×8+3×10	3×6
负荷质量					
俯身侧平举：核心训练	3×10+3×12	3×8+3×10	3×10+3×12	3×8+3×10	3×6
负荷质量					
稳定性训练	1×45秒	1×45秒	1×45秒	1×45秒	1×45秒
每条腿					
躯干训练					
下斜转体	2×12	2×12	2×12	2×12	2×12
负荷质量					
肩袖和肩胛骨训练					
旋转肩部	2×12	2×12	2×12	2×12	2×12
负荷质量					
哑铃侧平举					
负荷质量					

结束语

　　通过对比利用哑铃和利用杠铃的训练方式可以看到，以杠铃为主的训练计划能很容易地转换成哑铃训练计划。因为大多数杠铃训练可以用哑铃来完成，很多情况下只需把杠铃替换成哑铃，而不必重新编制一个新的训练计划。当前训练计划的主要目标是肌肉增大，次要目标是提高力量。使用哑铃并不会影响到训练目标，唯一的不同只是器材上的区别。

第2部分

训　练

　　哑铃可以用来锻炼身体的全部主要肌肉群。比起仅用杠铃训练，哑铃训练有着独到的优势，因此在训练计划中加入哑铃训练是有意义的。第4章到第7章将介绍许多种哑铃训练方法，分为上肢训练、下肢训练、核心训练和全身训练（如下蹲翻、挺举、抓举和一些相关训练）。

　　作为一名力量与体能教练，我认为训练技巧要比训练强度更为重要。尽管我希望运动员认真锻炼，他们也确实很刻苦，但正确地进行训练还是要比加大训练负荷更关键。训练技巧是第一位的，训练强度是第二位的。因此，请读者务必认真阅读训练说明，确保姿势正确，符合图示中的姿势要求。这样才能使投入到训练中的时间和努力得到最佳的效果。

上肢训练

上肢的肌肉与许多比赛项目中的活动息息相关，如投掷、推拉和挥舞。此外，很多上肢运动（如投掷和挥舞）都是由下肢带动，经躯干传递，最后在上肢表现出来的。因此要强化上肢运动能力，就要锻炼下肢和躯干。

许多运动员和教练在力量训练中都存在误区，只重视上肢训练而忽视了躯干和下肢训练。这可能是因为他们认为肱二头肌和胸大肌的体积关系到力量及其爆发力。锻炼上肢是合理的，但运动员还应训练躯干和下肢的肌肉群。只有全身的肌肉群都足够强壮时，身体的运动能力才能得到更好的发挥。

本章讨论上肢的哑铃训练时，会将上肢分为5个区域：肩部、胸部、背部、肱二头肌和肱三头肌。

肩袖训练

肩部的主要肌肉群是三角肌，其次是冈上肌、斜方肌、胸大肌和背阔肌。

前平举

动作简述

1. 双臂伸直，手掌向下握住哑铃。哑铃与大腿根部平齐。

2. 两肘微屈，保持平稳，保持手掌向下的姿势，将哑铃举起与肩同高。

3. 稍稍停顿，缓缓放下哑铃到初始位置。

常见错误

- 完成动作太快，肌肉紧张时间过短，影响了训练效果。

- 哑铃质量过大导致动作不规范，例如举起或放下哑铃过快、肘部弯曲、动作幅度过小等。一定要重视动作的规范性，不要太强调哑铃质量。如果无法保证规范动作，就改用较轻的哑铃。

- 利用身体的摆动来帮助举起哑铃，将会影响到肌肉的训练效果。

侧平举

动作简述

1. 双臂垂直于身体两侧，双手抓握哑铃，掌心相对。此时哑铃位于大腿外侧。

2. 两肘微屈，保持平稳，保持手掌向下的姿势，将哑铃举起与肩同高。

3. 稍稍停顿，缓缓放下哑铃到初始位置。

常见错误

- 完成动作太快，肌肉紧张时间过短，影响了训练效果。
- 哑铃质量过大导致动作不规范，例如举起或放下哑铃过快、肘部弯曲、动作幅度过小等。
- 利用身体的摆动来帮助举起哑铃，将会影响到肌肉的训练效果。不要让哑铃碰撞身体造成摆动，以免降低训练难度。

肩上推举

动作简述

    1. 正手抓握哑铃举至双肩两侧，掌心向前，肘部指向地面。

    2. 垂直向上推举哑铃，肘部完全伸展。

    3. 不要借助下肢发力。

    4. 推举哑铃时不要倾斜背部。当哑铃在最高点时，肩部应处于臀部正上方。

    5. 稍稍停顿，缓缓放下哑铃到初始位置。

常见错误

- 完成动作太快，肌肉紧张时间过短，影响了训练效果。

- 哑铃质量过大导致动作不规范，例如举起或放下哑铃过快、肘部弯曲、运动幅度过小等。

- 利用身体的摆动来帮助举起哑铃，将会影响到肌肉的训练效果。

- 推举哑铃时背部倾斜，增大了腰部受力。脚踝、膝关节、臀部和肩部都应保持垂直于地面。

交替肩上推举

动作简述

1. 正手抓握哑铃举至双肩两侧，掌心向前，肘部指向地面。

2. 垂直向上推举哑铃，肘部完全伸展。

3. 不要借助下肢发力。

4. 推举哑铃时不要倾斜背部。当哑铃在最高点时，肩部应处于臀部正上方。

5. 缓缓放下右手哑铃到初始位置，同时举起左手哑铃到最高点。

6. 稍稍停顿，缓缓放下左手哑铃到初始位置，同时举起右手哑铃到最高位置。如此反复。

常见错误

- 完成动作太快，肌肉紧张时间过短，影响了训练效果。

- 哑铃质量过大导致动作不规范，例如举起或放下哑铃过快、肘部弯曲、动作幅度过小等。

- 利用身体的摆动来帮助举起哑铃，将会影响到肌肉的训练效果。

- 推举哑铃时背部倾斜，增大了腰部受力。脚踝、膝关节、臀部和肩部都应保持垂直于地面。

- 推举哑铃时身体向一侧倾斜，影响了训练效果。身体应保持挺直。

单臂肩上推举

动作简述

1. 正手抓握一只哑铃举至肩侧，掌心向前，肘部指向地面。

2. 垂直向上推举哑铃，肘部完全伸展。

3. 不要借助下肢发力。

4. 推举哑铃时不要倾斜背部。当哑铃在最高点时，肩部应处于臀部正上方。

5. 稍稍停顿，缓缓放下哑铃到初始位置。

常见错误

- 完成动作太快，肌肉紧张时间过短，影响了训练效果。
- 哑铃质量过大导致动作不规范，例如举起或放下哑铃过快、肘部弯曲、动作幅度过小等。
- 利用身体的摆动来帮助举起哑铃，将会影响到肌肉的训练效果。
- 推举哑铃时背部倾斜，增大了腰部受力。脚踝、膝关节、臀部和肩部都应保持垂直于地面。
- 推举哑铃时身体向一侧倾斜，影响了训练效果。身体应保持挺直。

直立划船

动作简述

1. 握住哑铃，双臂伸直，掌心向下。此时哑铃位于大腿根部。
2. 保持肘部位于手腕上方，向上持续提拉直到哑铃到达肩部。
3. 不要晃动上肢借力推举哑铃。
4. 稍稍停顿，缓缓放下哑铃到初始位置。

常见错误

- 完成动作太快，肌肉紧张时间过短，影响了训练效果。
- 哑铃质量过大导致动作不规范，例如举起或放下哑铃过快、肘部弯曲、动作幅度过小等。
- 手腕高于肘部，而不是低于肘部，影响了训练效果。
- 利用下肢发力或身体的晃动来帮助举起哑铃，将会影响肌肉的训练效果。

胸部训练

胸部的肌肉主要是胸大肌，其次是胸小肌。

仰卧屈臂上拉

动作简述

1. 背部仰卧在凳面上，让凳面支撑住后背和肩部。
2. 两腿弯曲，脚掌支撑地面，腰背部放松，臀部下沉，挺胸收腹。
3. 双手于头顶处交叉握住哑铃一端的内侧，掌心向上。
4. 双臂尽力伸展，哑铃处于面部上方。
5. 肘部微曲，双手持哑铃慢慢向头顶处落下，直到上臂处于水平位置。
6. 当哑铃降至最低位置后，将哑铃沿着原路举起，直到双臂伸直于胸前。

常见错误

- 完成动作太快，肌肉紧张时间过短，影响了训练效果。
- 哑铃质量过大导致动作不规范，例如举起或放下哑铃过快、肘部弯曲、动作幅度过小等。
- 肘部弯曲过度，没有锻炼到胸部肌肉。

仰卧飞鸟

动作简述

1. 背部仰卧在凳面上，脚掌支撑地面。

2. 双手各持一只哑铃，将哑铃支撑在胸部上方，掌心相对。

3. 两手持哑铃平行地向两侧下放，手肘稍微弯屈，直到上臂落下至低于肩部。

4. 稍稍停顿，将哑铃沿着原路举起，直到双臂伸直于胸前。

常见错误

- 完成动作太快，肌肉紧张时间过短，影响了训练效果。
- 哑铃质量过大导致动作不规范，例如举起或放下哑铃过快、肘部弯曲、动作幅度过小等。
- 肘部弯曲过度，没有锻炼到胸部肌肉。
- 动作幅度小，对目标肌肉刺激不够。

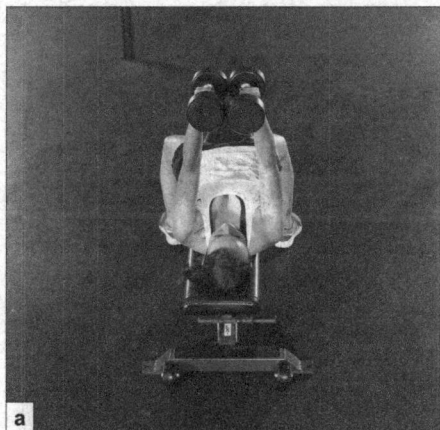

上斜飞鸟

动作简述

1. 背部仰卧在凳面上，脚掌支撑地面。

2. 双手各持一只哑铃，将哑铃支撑在胸部上方，掌心相对。

3. 两手持哑铃平行地向两侧下放，手肘稍微弯屈，直到上臂落下至低于肩部。

4. 稍稍停顿，将哑铃沿着原路举起，直到双臂伸直于胸前。

5. 凳面倾角为20度~30度，此时训练重点为胸大肌的上部肌肉。

常见错误

- 完成动作太快，肌肉紧张时间过短，影响了训练效果。
- 哑铃质量过大导致动作不规范，例如举起或放下哑铃过快、肘部弯曲、动作幅度过小等。
- 肘部弯曲过度，没有锻炼到胸部肌肉。
- 动作幅度小，对目标肌肉刺激不够。

下斜飞鸟

动作简述

1. 背部仰卧在凳面上，头部朝下。

2. 双手各持一只哑铃，将哑铃支撑在胸部上方，掌心相对。

3. 两手持哑铃平行地向两侧下放，手肘稍微弯屈，直到上臂落下至低于肩部。

4. 稍稍停顿，将哑铃沿着原路举起，直到双臂伸直于胸前。

5. 凳面倾角为20度~30度，此时训练重点为胸大肌的上部肌肉。

常见错误

• 完成动作太快，肌肉紧张时间过短，影响了训练效果。

• 哑铃质量过大导致动作不规范，例如举起或放下哑铃过快或错误的身体姿势。

• 肘部弯曲过度，没有锻炼到胸部肌肉。

• 动作幅度小，对目标肌肉刺激不够。

 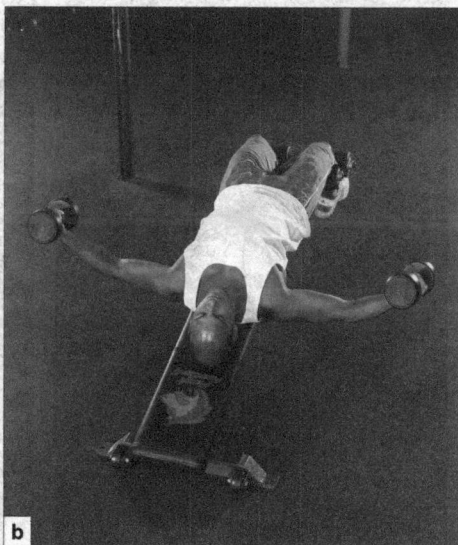

上斜卧推

动作简述

1. 背部仰卧在凳面上，双脚支撑地面。

2. 双手正握哑铃于双肩外侧。

3. 双手同时向上推举哑铃，直到手臂接近伸直。

4. 稍稍停顿，缓缓放下哑铃到初始位置。

常见错误

- 完成动作太快，肌肉紧张时间过短，影响了训练效果。
- 哑铃质量过大导致动作不规范，例如举起或放下哑铃过快、错误的身体姿势和过小的动作幅度。
- 臀部抬起，背部弯曲，增加了腰部受力，减少了对胸部肌肉的刺激。
- 动作幅度小，对目标肌肉刺激不够。

交替上斜卧推

动作简述

1. 背部仰卧在凳面上，双脚支撑地面。
2. 双手正握哑铃于双肩外侧。
3. 右手向上推举哑铃，直到手臂接近伸直，将此姿势保持数秒。
4. 右手缓缓放下哑铃到初始位置，左手推举哑铃。
5. 左右手各推举一次后，将哑铃放回到初始位置。

常见错误

- 完成动作太快，肌肉紧张时间过短，影响了训练效果。
- 哑铃质量过大导致动作不规范，例如举起或放下哑铃过快、错误的身体姿势和过小的动作幅度。
- 臀部抬起，背部弯曲。
- 上肢扭动，借助杠杆原理推举哑铃，将有可能导致腰部受伤。训练过程中臀部和肩部应紧贴凳面。

单臂上斜卧推

动作简述

　　1. 背部仰卧在凳面上，双脚支撑地面。

　　2. 正握哑铃于肩部外侧。

　　3. 向上推举哑铃，直到手臂接近伸直，将此姿势保持数秒。

　　4. 缓缓放下哑铃到初始位置，重复数次后换另一只手推举哑铃。

　　5. 单手推举一次后，将哑铃放回到初始位置。

常见错误

- 完成动作太快，肌肉紧张时间过短，影响了训练效果。
- 哑铃质量过大导致动作不规范，例如举起或放下哑铃过快、错误的身体姿势和过小的动作幅度。
- 臀部抬起，背部弯曲。
- 上肢扭动，借助杠杆原理推举哑铃，将增大腰部受力。

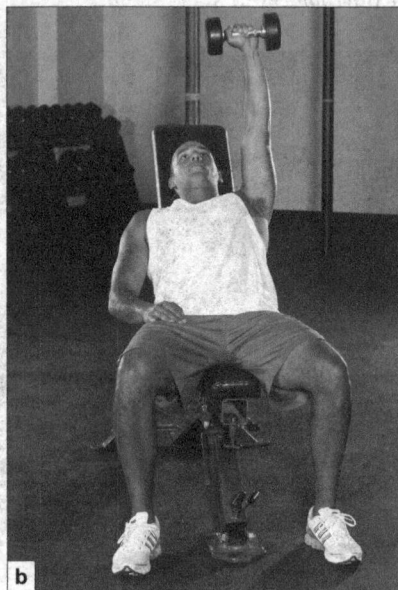

下斜卧推

动作简述

1. 背部仰卧在凳面上，头部朝下。
2. 正握哑铃于肩部外侧。
3. 双手同时向上推举哑铃，直到手臂接近伸直，将此姿势保持数秒。
4. 缓缓放下哑铃到初始位置。
5. 左右手各推举一次后，将哑铃放回到初始位置。

常见错误

- 完成动作太快，肌肉紧张时间过短，影响了训练效果。
- 哑铃质量过大导致动作不规范，例如举起或放下哑铃过快、错误的身体姿势和过小的动作幅度。
- 臀部抬起，背部弯曲。
- 动作幅度过小将影响训练效果。

交替下斜卧推

动作简述

1. 背部仰卧在凳面上，头部朝下。
2. 正握哑铃于肩部外侧。
3. 右手向上推举哑铃，直到手臂接近伸直，将此姿势保持数秒。
4. 右手缓缓放下哑铃到初始位置，左手向上推举哑铃。
5. 左右手各完成一次推举后，回到初始位置。

常见错误

- 完成动作太快，肌肉紧张时间过短，影响了训练效果。
- 哑铃质量过大导致动作不规范，例如举起或放下哑铃过快、错误的身体姿势和过小的动作幅度。
- 臀部抬起，背部弯曲。
- 上肢扭动，借助杠杆原理推举哑铃，将增大腰部受力。

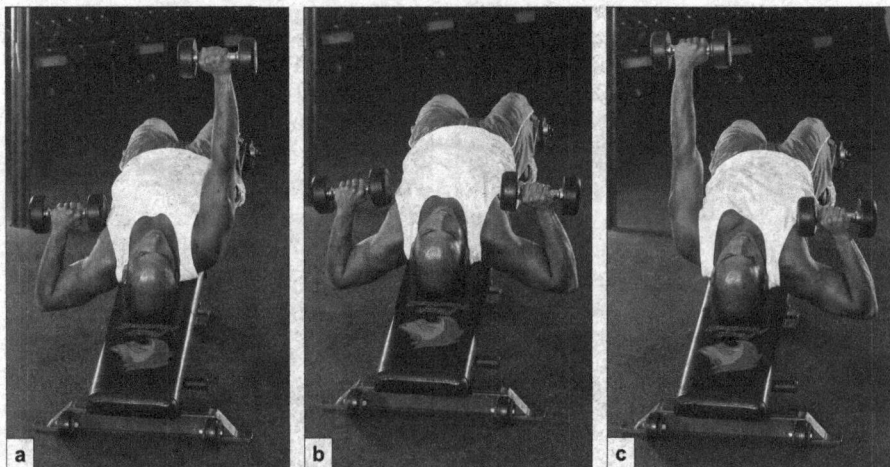

单臂下斜卧推

动作简述

1. 背部仰卧在凳面上，头部朝下。
2. 正握哑铃于肩部外侧。
3. 单臂向上推举哑铃，直到手臂接近伸直，将此姿势保持数秒。
4. 缓缓放下哑铃到初始位置，重复数次后换另一只手推举哑铃。
5. 双手各推举一次后，将哑铃放回到初始位置。

常见错误

- 完成动作太快，肌肉紧张时间过短，影响了训练效果。
- 哑铃质量过大导致动作不规范，例如举起或放下哑铃过快、错误的身体姿势和过小的动作幅度。
- 臀部抬起，背部弯曲。
- 上肢扭动，借助杠杆原理推举哑铃，将增大腰部受力。

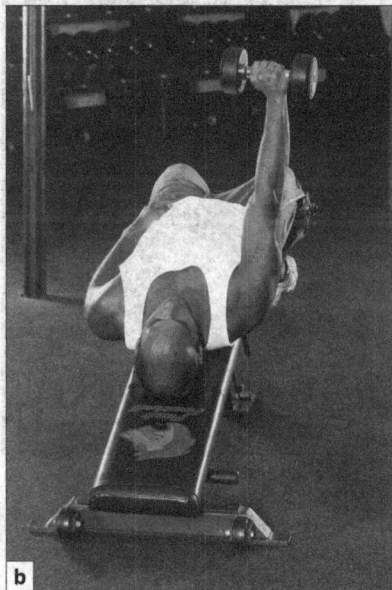

卧推

动作简述

1. 背部仰卧在凳面上，双脚支撑地面。
2. 正握哑铃于肩部外侧。
3. 双臂同时向上推举哑铃，直到手臂接近伸直，将此姿势保持数秒。
4. 缓缓放下哑铃到初始位置。

常见错误

- 完成动作太快，肌肉紧张时间过短，影响了训练效果。
- 哑铃质量过大导致动作不规范，例如举起或放下哑铃过快、错误的身体姿势。
- 动作幅度较小，影响了训练效果。

交替卧推

动作简述

1. 背部仰卧在凳面上，双脚支撑地面。
2. 正握哑铃于肩部外侧。
3. 单臂向上推举哑铃，直到手臂接近伸直，将此姿势保持数秒。
4. 缓缓放下哑铃到初始位置，重复数次后换另一只手推举哑铃。
5. 双手各推举一次后，将哑铃放回到初始位置。

常见错误

- 完成动作太快，肌肉紧张时间过短，影响了训练效果。
- 哑铃质量过大导致动作不规范，例如举起或放下哑铃过快、错误的身体姿势和过小的动作幅度。
- 臀部抬起，背部弯曲。
- 上肢扭动，借助杠杆原理推举哑铃，将增大腰部受力。

单臂卧推

动作简述

1. 背部仰卧在凳面上，双脚支撑地面。
2. 正握哑铃于肩部外侧。
3. 单臂向上推举哑铃，直到手臂接近伸直，将此姿势保持数秒。
4. 缓缓放下哑铃到初始位置，重复数次后换另一只手推举哑铃。
5. 双手各推举一次后，将哑铃放回到初始位置。

常见错误

- 完成动作太快，肌肉紧张时间过短，影响了训练效果。
- 哑铃质量过大导致动作不规范，例如举起或放下哑铃过快、错误的身体姿势和过小的动作幅度。
- 臀部抬起，背部弯曲。
- 上肢扭动，借助杠杆原理推举哑铃，将增大腰部受力。

背部训练

上背部的主要肌肉群是背阔肌、菱形肌和斜方肌，次要肌肉群是菱形肌和小圆肌。

划 船

动作简述

1. 左膝跪在凳面上，膝关节位置在臀部正下方。
2. 上身几乎与地面平行，抬头挺胸。
3. 左手撑住凳面，肘关节完全伸展。
4. 右手握住哑铃，掌心向内。
5. 右臂尽量提拉哑铃，保持肘部朝后，不要曲肘。
6. 肘部弯曲，继续提拉哑铃到肩部高度，此时哑铃位于肋骨边。
7. 放下哑铃到初始位置。
8. 完成规定次数后，调整身体姿势，换用左臂提拉哑铃。

常见错误

- 完成动作太快，肌肉紧张时间过短，影响了训练效果。
- 哑铃质量过大导致动作不规范，例如举起或放下哑铃过快、错误的身体姿势和过小的动作幅度。
- 提拉哑铃时动作过猛或姿势扭曲，导致哑铃提拉过程不够平滑。
- 哑铃控制不当，没有位于肩部正下方，碰触到肋骨以外的身体部位。

肱二头肌训练

上臂的主要肌肉群是肱二头肌，次要肌肉群是肱肌。

弯举

动作简述

1. 双手各握住一只哑铃，掌心向外。

2. 双臂伸直，哑铃位于大腿根高度。

3. 身体保持正直，以肘部为支撑，双臂举起哑铃直到肩部高度。

4. 放下哑铃到初始位置。

常见错误

- 完成动作太快，肌肉紧张时间过短，影响了训练效果。

- 哑铃质量过大导致动作不规范，例如举起或放下哑铃过快、错误的身体姿势和过小的动作幅度。

- 身体晃动以借力举起哑铃，影响了肌肉的训练效果。虽然这样能够举起更大的质量，但目标肌肉没有得到应有的锻炼，训练效果就会打折扣。

锤式屈臂

动作简述

　　1. 双手各握住一只哑铃，掌心相对，双臂伸直，哑铃位于大腿根高度。双脚分立与肩同宽。

　　2. 哑铃初始位置在大腿侧面。身体保持正直，以肘部为支撑，双臂举起哑铃直到肩部高度。

　　3. 放下哑铃到初始位置。

常见错误

- 完成动作太快，肌肉紧张时间过短，影响了训练效果。
- 哑铃质量过大导致动作不规范，例如举起或放下哑铃过快、错误的身体姿势和过小的动作幅度。
- 身体晃动以借力举起哑铃，影响了肌肉的训练效果。

反握弯举

动作简述

1. 双手各握住一只哑铃，掌心向下。

2. 双臂伸直，哑铃位于大腿根高度。

3. 身体保持正直，保持掌心向下，以肘部为支撑，双臂举起哑铃直到肩部高度。

4. 放下哑铃到初始位置。

常见错误

- 完成动作太快，肌肉紧张时间过短，影响了训练效果。
- 哑铃质量过大导致动作不规范，例如举起或放下哑铃过快、错误的身体姿势和过小的动作幅度。
- 身体晃动以借力举起哑铃，影响了肌肉的训练效果。

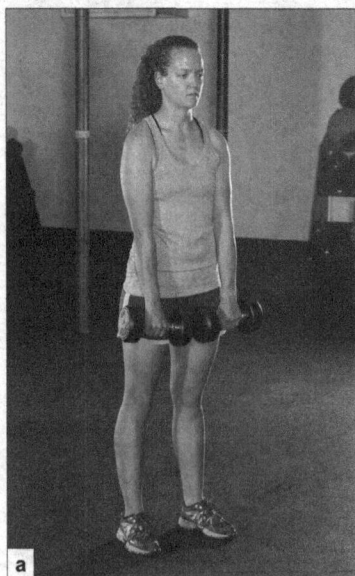

肱三头肌训练

上臂外侧的主要肌肉群是肱三头肌，次要肌肉群是肘后肌。

颈后臂屈伸

动作简述

1. 将哑铃立起。
2. 双手握住哑铃的一端，牢牢抓住哑铃杆和哑铃片。
3. 双臂伸直，举起哑铃。哑铃最高点位于头部正上方。
4. 弯曲肘部，使哑铃缓慢回落到脑后。
5. 伸直肘部，使哑铃回到初始位置。

常见错误

- 完成动作太快，肌肉紧张时间过短，影响了训练效果。
- 哑铃质量过大导致动作不规范，例如举起或放下哑铃过快、错误的身体姿势和过小的动作幅度。
- 身体晃动以借力举起哑铃，影响了肌肉的训练效果。
- 双臂肘部距离大于头部宽度，两肘分开，影响了肌肉的训练效果。

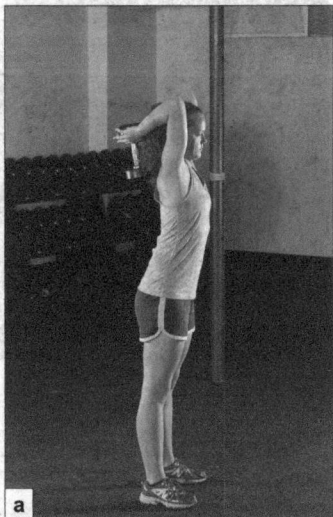

单臂后屈伸

动作简述

1. 左膝跪在凳面上，膝关节位置在臀部正下方。
2. 调整臀部和躯干姿势，使上身与地面平行，抬头挺胸。
3. 左手撑住凳面，肘关节完全伸展。
4. 右手握住哑铃，掌心朝向身体。
5. 调整右肘和肩部姿势，直到右前臂与臀部等高。
6. 右臂肘部适当弯曲，右手低于肘部，右前臂与右腿平行。
7. 保持右臂姿势，伸展右前臂，提拉哑铃到肘部高度。
8. 完成规定次数后，调整身体姿势，换用左臂提拉哑铃。

常见错误

- 完成动作太快，肌肉紧张时间过短，影响了训练效果。
- 哑铃质量过大导致动作不规范，例如举起或放下哑铃过快、错误的身体姿势和过小的动作幅度。
- 身体晃动以借力举起哑铃，影响了肌肉的训练效果。

CHAPTER 5

下肢训练

　　人们往往在力量训练里强调上肢训练，认为粗大的臂膀和强健的胸肌就等同于力量和爆发力。实际上，许多比赛运动是依赖于下肢的。强健有力的下肢比发达的肱二头肌对取得比赛胜利更有意义。本章将介绍许多下肢的力量和爆发力训练。下肢的主要肌肉群是臀肌、肌腱和股四头肌、内收肌。

深蹲

动作简述

1. 双手各握一只哑铃，双臂伸直，垂于身体两侧。

2. 双脚分立，与肩同宽。

3. 背部微曲，头部保持直立。

4. 保持背部弯曲姿势，臀部向后移动，开始深蹲。

5. 臀部继续向后移动，直到大腿与地面平行。髋关节应与膝关节的高度一致或低于膝关节。

6. 脚后跟着地，膝关节可略微向前越过脚趾。应选择较舒服的姿势，膝关节可以位于脚趾正上方，也可以略靠后一些。

7. 恢复到初始位置时，应头部先动（而不是先抬起臀部）。背部仍保持微曲，头部保持直立。

常见错误

- 训练过程中背部弯曲过度，腰部受力增大，可能导致腰部受伤。
- 身体到达最低点时，大腿没有与地面平行。
- 开始深蹲时，膝关节向前移动，而不是臀部向后移动，导致脚后跟离地。
- 下蹲动作过快，没有控制好节奏。

深蹲跳

动作简述

1. 双手各握一只哑铃，双臂伸直，垂于身体两侧。

2. 双脚分立，与肩同宽。

3. 背部微曲，头部保持直立。

4. 保持背部弯曲姿势，臀部向后移动，开始深蹲。

5. 臀部继续向后移动，大腿下降，做好垂直跳起的准备。

6. 脚后跟着地，膝关节可略微向前越过脚趾。应选择较舒服的姿势，膝关节可以位于脚趾正上方，也可以略靠后一些。

7. 头部先动（而不是先抬起臀部），跳离地面。跳跃过程中，背部仍保持微曲，头部保持直立。

常见错误

- 训练过程中背部弯曲过度，腰部受力增大，可能导致腰部受伤。
- 身体下降的高度不够低，导致垂直跳跃时高度不够高。
- 开始深蹲时，膝关节向前移动，而不是臀部向后移动，导致脚后跟离地。
- 两次跳跃间的地面动作时间过长，每次跳跃应尽快完成。

单腿深蹲

动作简述

1. 双手各握一只哑铃，双臂伸直，垂于身体两侧。

2. 双脚分立，与肩同宽。

3. 背部微曲，头部保持直立。

4. 右腿后撤，右脚放在与膝关节等高的健身凳或跳箱上。

5. 左脚向前移动适当距离，身体呈弓箭步姿势。

6. 背部微曲，臀部向后移动，开始深蹲。

7. 臀部继续向后移动，直到大腿与地面平行。髋关节应与膝关节的高度一致或低于膝关节。

8. 前脚跟着地，膝关节可略微向前越过脚趾。应选择较舒服的姿势，膝关节可以位于脚趾正上方，也可以略靠后一些。

9. 恢复到初始位置时，应头部先动（而不是先抬起臀部）。背部仍保持微曲，头部保持直立。

常见错误

- 训练过程中背部弯曲过度。

- 身体到达最低点时，大腿没有与地面平行，这个错误是最常见的。

- 开始深蹲时，膝关节向前移动，而不是臀部向后移动，导致脚后跟离地。

- 下蹲动作过快，没有控制好节奏。

单腿深蹲跳

动作简述

1. 双手各握一只哑铃，双臂伸直与肩同高。

2. 双脚分立，与肩同宽。

3. 背部微曲，头部保持直立。

4. 右腿后撤，右脚放在与膝关节等高的健身凳或跳箱上。背部保持弯曲姿势，臀部向后移动，开始深蹲。

5. 左脚向前移动适当距离，身体呈弓箭步姿势。

6. 背部微曲，臀部向后移动，开始深蹲。

7. 臀部继续向后移动，大腿下降，做好垂直跳起的准备。

8. 前脚跟着地。

9. 膝关节可略微向前越过脚趾。应选择较舒服的姿势，膝关节可以位于脚趾正上方，也可以略靠后一些。

10. 头部先动（而不是先抬起臀部），跳离地面。跳跃过程中，背部仍保持微曲，头部保持直立。

11. 背部保持微曲，头部保持直立。

常见错误

- 训练过程中背部弯曲过度，腰部受力增大，可能导致腰部受伤。
- 身体下降时大腿没有与地面平行。
- 开始深蹲时，膝关节向前移动，而不是臀部向后移动，导致脚后跟离地。
- 身体下降的高度不够低，导致垂直跳跃时高度不够高。
- 两次跳跃间的地面动作时间过长，每次跳跃应尽快完成。

（接下页）

单腿深蹲跳（接上页）

前蹲

动作简述

1. 双手各握一只哑铃，双臂伸直，垂在身体两侧。

2. 举起哑铃到肩部高度，哑铃的一端停靠在肩上。稳住肘部，使两只哑铃处于同样高度。哑铃的上端不要低于底端。

3. 双脚分立，与肩同宽。

4. 背部微曲，头部保持直立。

5. 背部微曲，臀部向后移动，开始深蹲。

6. 臀部继续向后移动，直到大腿与地面平行。髋关节应与膝关节的高度一致。

7. 脚跟着地，膝关节可略微向前越过脚趾。应选择较舒服的姿势，膝关节可以位于脚趾正上方，也可以略靠后一些。

8. 恢复到初始位置时，应头部先动（而不是先抬起臀部）。背部仍保持微曲，头部保持直立。

常见错误

- 训练过程中背部弯曲过度（保持肘部高抬可以避免这个问题）。
- 身体到达最低点时，大腿没有与地面平行。
- 开始深蹲时，膝关节向前移动，而不是臀部向后移动，导致脚后跟离地。
- 下蹲动作过快，没有控制好节奏。

单腿前蹲

动作简述

1. 双手各握一只哑铃，双臂伸直，垂在身体两侧。

2. 举起哑铃到肩部高度，哑铃的一端停靠在肩上。稳住肘部，使两只哑铃处于同样高度。哑铃的上端不要低于底端。

3. 双脚分立，与肩同宽。

4. 背部微曲，头部保持直立。

5. 右腿后撤，右脚放在与膝关节等高的健身凳或跳箱上。

6. 左脚前移适当距离，身体呈弓箭步姿势。

7. 保持背部弯曲姿势，臀部向后移动，开始深蹲。

8. 臀部继续向后移动，直到大腿与地面平行。髋关节应与膝关节的高度一致。

9. 脚跟着地，膝关节可略微向前越过脚趾。应选择较舒服的姿势，膝关节可以位于脚趾正上方，也可以略靠后一些。

10. 恢复到初始位置时，应头部先动（而不是先抬起臀部）。背部仍保持微曲，头部保持直立。

常见错误

- 训练过程中背部弯曲过度。
- 身体到达最低点时，大腿没有与地面平行。
- 开始深蹲时，膝关节向前移动，而不是臀部向后移动，导致脚后跟离地。
- 下蹲动作过快，没有控制好节奏。

侧蹲

动作简述

1. 双手各握一只哑铃，双臂伸直，哑铃位于肩部正下方。

2. 双脚分立，比肩宽。

3. 右腿下压，保持伸直，身体向左侧下蹲。

4. 臀部适当向下移动。

5. 左膝可略微向前越过脚趾。应选择较舒服的姿势，膝关节可以位于脚趾正上方，也可以略靠后一些。

6. 背部保持微曲，头部保持直立。

7. 恢复到初始位置，向相反方向重复此动作，直到做满规定次数。

常见错误

- 训练过程中背部弯曲过度。
- 臀部向下移动幅度过大或过小。
- 膝关节不应弯曲，应当保持伸直状态（如身体向左侧下蹲时，右腿膝关节应保持伸直状态）。

弓箭步

动作简述

1. 双手各握一只哑铃，双臂伸直垂放于身体两侧。

2. 双脚分立，与肩同宽。

3. 左腿不动，右腿向前跨出一大步。

4. 跨步状态下，右膝关节位于右脚正上方或前方，左腿弯曲，左膝关节贴近地面，背部保持微曲，头部保持直立。

5. 恢复到初始位置。右腿不动，左腿向前跨出，重复上述动作。

常见错误

- 训练过程中背部弯曲过度。
- 向前跨步时步幅不够大。
- 后腿膝关节碰触地面。
- 恢复到初始位置时移动多于一步（为保持训练强度，应用一大步回到初始位置）。

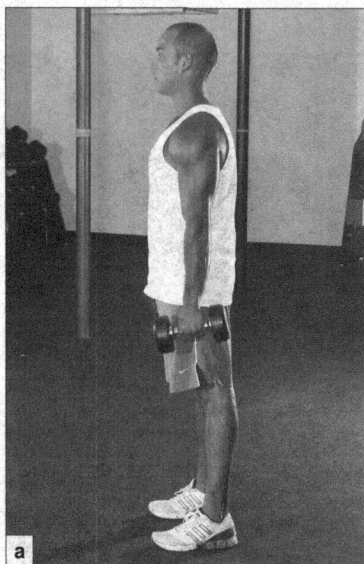

侧弓箭步

动作简述

1. 双手各握一只哑铃，双臂伸直。
2. 双脚分立，与肩同宽。
3. 右腿不动，左腿向左迈出一大步。
4. 左脚着地后，臀部适当向下移动。
5. 背部保持微曲，头部保持直立。
6. 左腿收回一步，恢复到与肩同宽的位置。

常见错误

- 训练过程中背部弯曲过度。
- 右腿的膝关节弯曲，而不是完全伸展。
- 做下一次侧弓箭步前，收腿的步幅过小或过大，没有恢复到与肩同宽的位置（应一步就将腿收回，恢复到与肩同宽的位置）。

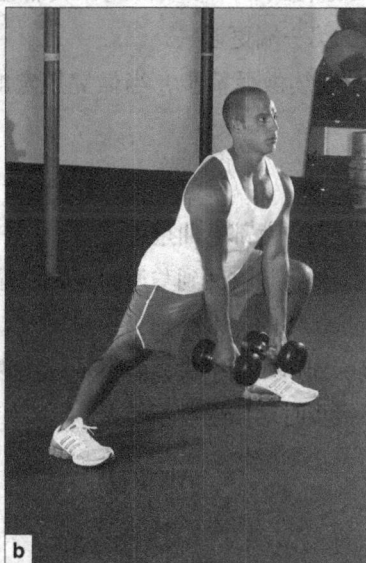

弧形弓箭步

动作简述

1. 双手各握一只哑铃，双臂伸直。

2. 双脚分立，与肩同宽。

3. 想象面前的地上有一条弧线，弧线的两端距身体各一步距离。

4. 将弧线等分为若干部分，份数等于动作的重复次数。

5. 第一次弓箭步要踩到弧线的右端，最后一次的弓箭步要踩到弧线的左端。每一步要踩到弧线，先从右侧开始，最后一步踩到左端。

6. 左腿伸直，向右迈出一大步，踩到弧线的右端。

7. 右脚着地后，臀部适当向下移动。

8. 背部保持微曲，头部保持直立。

9. 右腿收回一步，恢复到与肩同宽的位置。

10. 左右腿交替重复上述动作。

11. 迈出的下一步要踩到弧线靠近另一端的位置。每迈出一步，落脚点都离弧线的另一端更近些。

12. 继续做弓箭步，当做完规定的次数后，也就从弧线的一端踩到了另一端。

常见错误

- 训练过程中背部弯曲过度。
- 未能一步将腿收回到与肩同宽的位置。
- 未能从弧线的一端踩到另一端。
- 直接踩到弧线的中央，而不是每步变换一定的角度。
- 做弓箭步时动作幅度不够大。

冰球弓箭步

动作简述

　　1. 双手各握一只哑铃，双臂伸直。

　　2. 双脚分立，与肩同宽。

　　3. 左腿不动，右腿向25度~30度方向迈出一大步，步长要比肩宽46~61厘米（根据腿长略有调整）。

　　4. 在此弓箭步姿势下，左膝关节比左脚略靠前，右腿弯曲，右膝关节接近地面，背部保持微曲，头部保持直立。

　　5. 恢复直立姿势，右腿不动，左腿向25度~30度方向迈出一大步，步长要比肩宽46~61厘米。

　　6. 左腿撤回一步，回到初始位置。

常见错误

● 训练过程中背部弯曲过度。

● 在斜跨步时步幅过小。

● 两脚分立时距离过窄。

● 弓箭步姿势时膝关节碰触地面。

● 未能一步将腿收回到与肩同宽的位置。

后跨步

动作简述

1. 双手各握一只哑铃，双臂伸直。

2. 双脚分立，与肩同宽。

3. 左腿不动，右腿向正后方迈出一大步。

4. 在此弓箭步姿势下，左膝关节比左脚略靠前，右腿弯曲，右膝关节接近地面，背部保持微曲，头部保持直立。

5. 右腿撤回一步，回到初始位置，换左腿重复上述动作。

常见错误

- 训练过程中背部弯曲过度。
- 在向后迈步时步幅过小。
- 弓箭步姿势时膝关节碰触地面。
- 未能一步将腿收回到与肩同宽的位置。

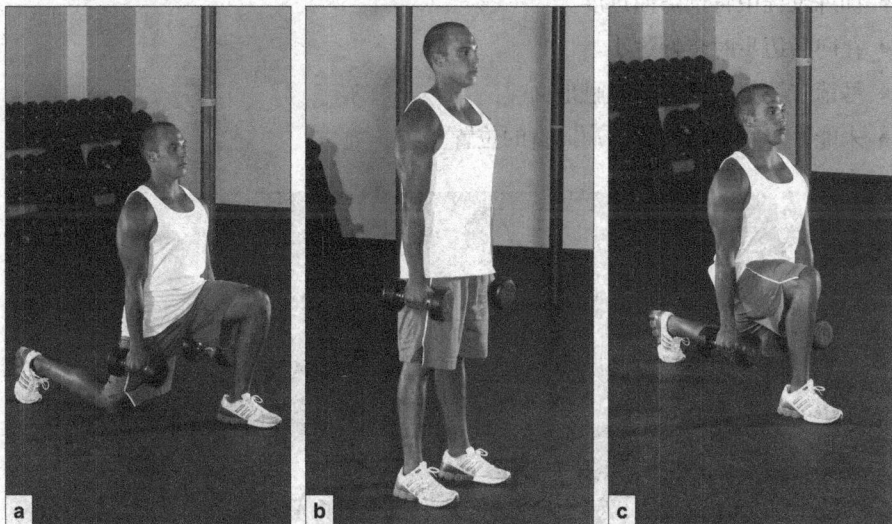

支点箭步蹲

动作简述

1. 双手各握一只哑铃，双臂伸直。

2. 双脚分立，与肩同宽。

3. 以左脚为轴，身体右转，向右后方跨出一大步。如果用假想的表盘来定位双脚，两只脚的初始位置是在12:00位置，然后右脚移到4:00和6:00位置之间，左脚向后跨出，身体随之左转。

4. 在此弓箭步姿势下，右膝关节比右脚略靠前，左腿弯曲，左膝关节接近地面，背部保持微曲，头部保持直立。

5. 右腿撤回一步，回到初始位置。

6. 向相反方向重复上述动作，左脚移到6:00和8:00位置之间。

7. 每次动作的身体转动角度和脚移动的位置可加以变化。

常见错误

- 训练过程中背部弯曲过度。
- 在向后迈步时步幅过小。
- 弓箭步姿势时膝关节碰触地面。
- 未能一步将腿收回到与肩同宽的位置。

直腿硬拉

动作简述

1. 双手各握一只哑铃，双臂伸直，哑铃位于身体两侧。

2. 双脚分立，与肩同宽。

3. 膝关节伸直，然后微曲，确保初始姿势规范。在整个训练中都应保持膝关节微微弯曲。

4. 背部保持微曲，头部保持直立，在整个训练中保持此姿势。

5. 以髋关节为轴，沿腿下放哑铃到适当高度。下放的高度由背部和腿筋的柔韧性决定，每个人的柔韧性不同，适合的动作幅度也有区别。一定要保持膝关节稳定，参与运动的应当是髋关节，而不是膝关节。

6. 回到初始位置，同时保持膝关节和背部的姿势。

常见错误

- 训练过程中背部弯曲过度。
- 膝关节弯曲幅度过大。
- 在垂直下放哑铃时，哑铃前后摆动，而不是一直位于腿的外侧。
- 训练过程中动作幅度不够大。

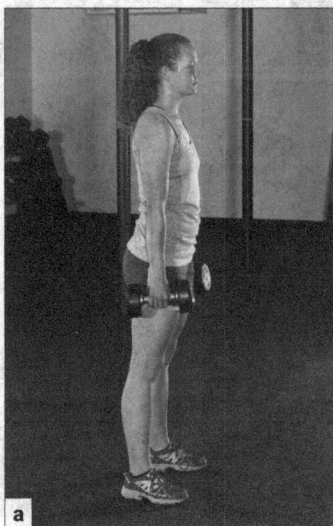

负重提踵

动作简述

　　1. 左手握住哑铃，左臂垂于身体左侧。

　　2. 左脚站在高于地面的平台上，如台阶或跳箱。平台高度至少为5厘米。仅右脚的脚掌和脚趾接触地面。

　　3. 右腿膝关节弯曲，将右脚提离地面。在整个训练过程中，右脚不得碰触地面。

　　4. 右手扶住支撑物。左手仅用于保持平衡，不参与训练。

　　5. 用左脚支撑身体，依靠左脚的肌肉，尽可能高地提起脚后跟。

　　6. 左脚脚跟垂下，低于平台高度。

　　7. 左脚脚跟的提起和垂下要平缓。完成规定次数后，换右脚重复上述动作。

常见错误

- 上提和下放的运动幅度不够大。
- 用于保持平衡的手臂参与了训练。
- 动作太快，利用动量帮助完成动作（脚跟的上提和下放都要平缓）。

负重登阶

动作简述

1. 左手握住哑铃，左臂垂于身体左侧。

2. 左脚站在跳箱或健身凳上，使左膝关节比右髋关节高2.5~5厘米。

3. 用左腿的力量带动身体，站到跳箱或凳上，两脚与肩同宽。

4. 左脚保持不动，右脚落下。此时两脚仍与肩同宽，左脚在高处，右脚在地面上。

5. 完成规定次数后，两腿交替重复上述动作。

常见错误

- 借助站在地面上的腿的力量带动身体，站到跳箱或凳子上（应仅用踩在跳箱或凳子上的腿的力量）。
- 背部弯曲或前倾，而不是保持直立状态。
- 身体动作不够平稳。

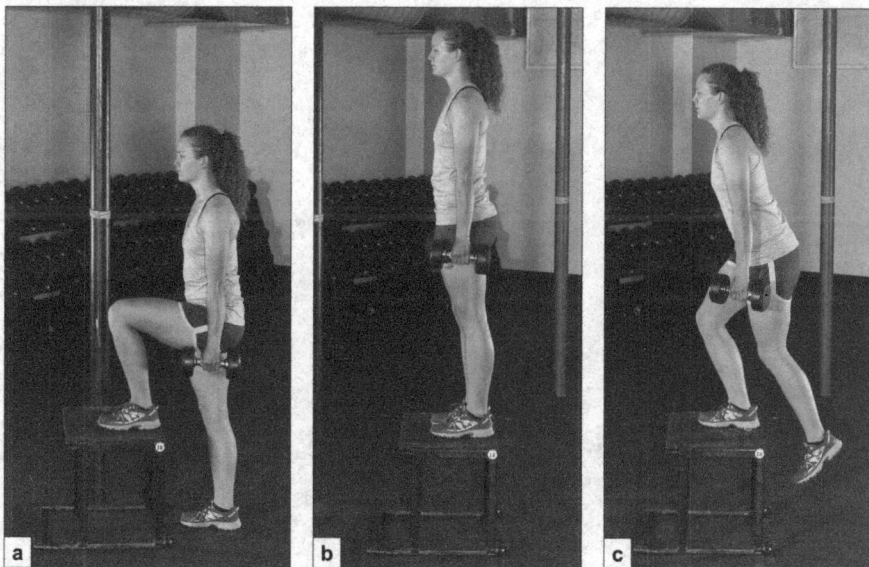

核心训练

许多人认为专业运动员会进行核心训练，可以通过练出6块腹肌来塑造形体。对于一般健身者和想要塑造形体的人来说，这个目标是合理的。对运动员来说，核心训练的意义在于提高运动能力，而不仅是塑造形体。因为核心肌肉群在许多运动中都有着重要的作用，提高核心力量和爆发力能够改善运动能力。

核心训练除了人们认为的腹肌强化训练，还包括背肌训练。发达的背肌和腹肌，对许多比赛运动都非常重要（如挥动球拍、足球抢断、跑步和跳跃等）。此外在许多运动中（如投掷、击打、举起杠铃或哑铃等），有力的核心肌肉能够将下肢的力量通过腰部传递到上身。

力量的增强是渐进式超负荷训练的结果。可是很多人错误地通过低强度高频率的训练来提高力量，例如每组动作重复100次。由于核心肌肉群主要由慢肌纤维和耐久纤维构成（因为要支撑躯干使其保持直立），因此需要高强度的训练才能有效提高核心肌肉群的力量。本章全部训练均使用哑铃来锻炼肌肉组织。每组动作的重复次数是8~25次，训练负荷为做完规定重复次数的最大量。一次做100个深蹲并不能增强力量，核心训练也是这个道理。

腹肌训练

主要的腹部肌肉是腹直肌、腹外斜肌和腹横肌。

仰卧卷腹

动作简述

1. 平躺在地面上，两腿膝关节弯曲，脚底踩地。

2. 双手握住哑铃外侧，将哑铃横放在前胸上。

3. 握紧哑铃，卷起腹部，仿佛试图用下巴触碰天花板一样。在保持动作规范的前提下，尽量抬高腰部。记住这是卷腹，而不是仰卧起坐，脊椎不能有任何弯曲。头部和胸部抬起时应保持不动。

4. 下落时，上背部触地后立即开始下一次卷腹。

5. 训练的节奏为2秒起身，2秒下落。

常见错误

- 卷腹时哑铃从胸部滑下（在整个训练中哑铃的位置应保持固定）。
- 卷腹时下巴对着墙壁，而不是对着天花板。
- 在两次卷腹动作之间，上背部在地面短暂停留。
- 动作幅度不够大。

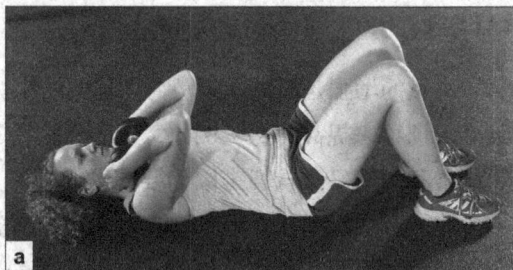

下斜卷腹

动作简述

1. 平躺在凳面上，初始斜度为15度，随着力量的提高逐渐增加倾斜角度，但要确保动作规范。

2. 膝关节弯曲，双腿穿过支架，将身体固定在凳上。

3. 双手握住哑铃外侧，将哑铃横放在前胸上。

4. 握紧哑铃，卷起腹部，仿佛试图用下巴触碰天花板一样。记住这是卷腹，而不是仰卧起坐。

常见错误

• 卷腹时哑铃从胸部滑下。在整个训练中哑铃的位置应保持固定。

• 卷腹时下巴对着墙壁，而不是对着天花板（卷腹的动作应是笔直向上的）。

• 在两次卷腹动作之间，上背部在地面短暂停留。

• 动作幅度不够大，没有将下巴尽量向着天花板抬起。

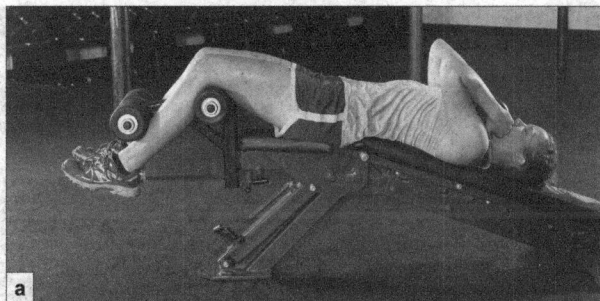

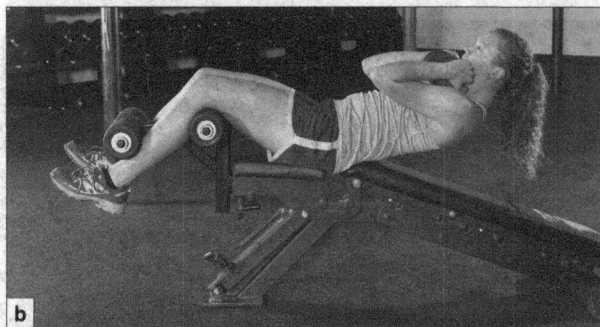

扭转卷腹

动作简述

    1. 平躺在地板上。

    2. 双手握住哑铃外侧，将哑铃横放在前胸上。

    3. 双手握紧哑铃，卷起腹部，仿佛试图用右肩触碰天花板一样。

    4. 尽量抬高下巴和肩部，记住这是卷腹，而不是仰卧起坐。

    5. 回到初始姿势，从相反方向重复上述动作。

常见错误

- 卷腹时哑铃从胸部滑下。在整个训练中哑铃的位置应保持固定。
- 卷腹时下巴对着墙壁，而不是对着天花板。
- 身体扭转和卷腹动作不同步。
- 在两次卷腹动作之间，上背部在地面短暂停留。
- 动作幅度不够大。

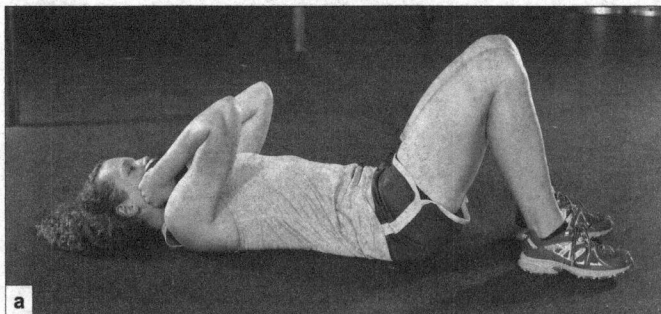

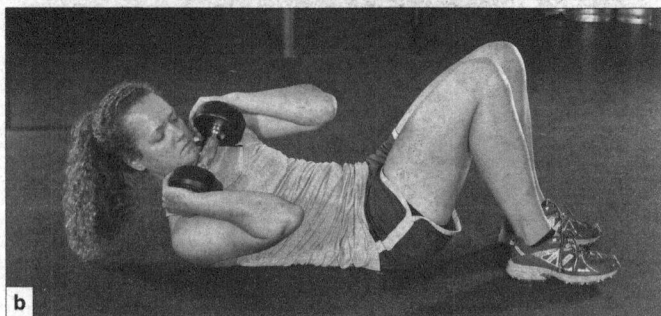

下斜扭转卷腹

动作简述

1. 平躺在向下倾斜的凳面上，初始斜度为15度，倾斜角度可逐渐增加到30度或更大。

2. 膝关节弯曲，双腿穿过支架，将身体固定在凳上。

3. 双手握住哑铃外侧，将哑铃横放在前胸上。握紧哑铃，卷起腹部，仿佛试图用右肩触碰天花板一样。

常见错误

- 卷腹时哑铃从胸部滑下。在整个训练中哑铃的位置应保持固定。
- 卷腹时下巴对着墙壁，而不是对着天花板。
- 身体扭转和卷腹动作不同步。
- 在两次卷腹动作之间，上背部在地面短暂停留。
- 动作幅度不够大。

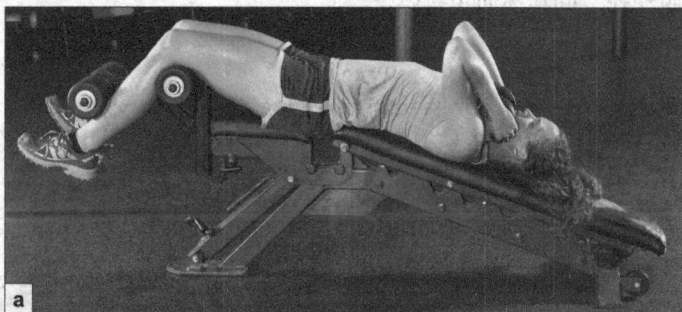

触足卷腹

动作简述

1. 平躺在地板上。

2. 双手握住哑铃的一端，手持位置在哑铃内侧。

3. 双臂肘关节伸直，将哑铃举起正对面部。

4. 双腿伸直并抬高到近90度。

5. 开始卷腹，用哑铃触碰双脚。肢体长度和柔韧性决定了是否能顺利触碰到脚趾。

6. 恢复初始姿势，当上背部碰到地面时，立即开始下一次卷腹，在地面不要有任何停留。

常见错误

- 膝关节没有伸直。
- 双脚在臀部正上方（双脚应与臀部正上方偏离10~15厘米）。
- 两次卷腹动作之间在地面短暂停留。
- 卷腹动作幅度不够大。

 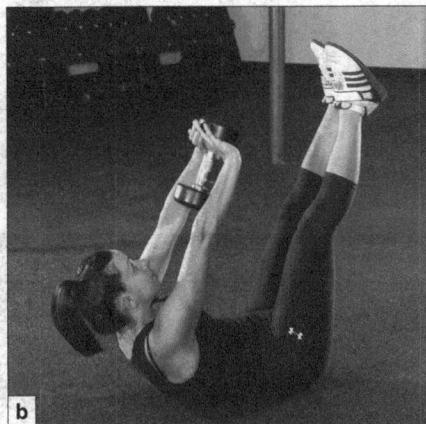

交替触足卷腹

动作简述

1. 平躺在地板上。

2. 双手握住哑铃的一端，手持位置在哑铃内侧。

3. 双臂肘关节伸直，将哑铃举起正对面部。

4. 双腿伸直并抬高，双脚应与臀部正上方偏离10~15厘米。

5. 开始卷腹，用哑铃触碰左腿外侧。

6. 恢复初始姿势，当上背部碰到地面时，立即开始下一次卷腹，在地面不要有任何停留。

7. 从另一侧做触足卷腹，用哑铃触碰右腿外侧。

8. 肢体长度和柔韧性决定了哑铃是否能触碰到脚趾。

常见错误

- 膝关节没有伸直。
- 双脚在臀部正上方，而不是位于近90度的位置。
- 两次卷腹动作之间在地面短暂停留。
- 卷腹动作幅度不够大。
- 身体扭转幅度不够，哑铃没有触碰到腿外侧。

V形举腿

动作简述

    1. 平躺在地板上，双腿完全伸直。

    2. 双手握住哑铃的一端，手持位置在哑铃内侧。

    3. 双臂肘关节伸直，高举过头顶，保持哑铃垂直立在地面上。

    4. 保持双腿和双臂伸直并不断抬高，直到哑铃碰触（或几乎要碰到）双腿。

    5. 恢复初始姿势，当上背部碰到地面时，立即开始下一次举腿，在地面不要有任何停留。

常见错误

- 手臂和双腿没有伸直。
- 卷腹动作幅度不够大（哑铃应尽量碰触到双腿）。
- 两次动作之间在地面有短暂休息。

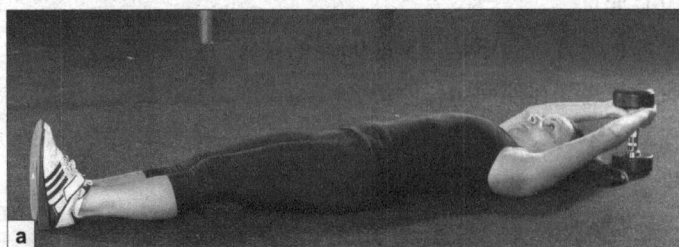

V形交替举腿

动作简述

1. 平躺在地板上，双腿完全伸直。

2. 双手握住哑铃的一端，肘关节伸直，高举过头顶，保持哑铃垂直立于地面。

3. 保持双腿和双臂伸直并不断抬高，躯干微扭，使哑铃碰触左腿外侧。

4. 双腿高举，与地面接近90度。

5. 缓慢放下双腿和上背部，准备开始下一次举腿。

6. 当上背部碰触到地面时，立即开始下一次举腿，在地面不要有任何停留。

7. 重复举腿动作时，哑铃的碰触位置应为右腿外侧。

常见错误

- 手臂和双腿没有伸直。
- 卷腹动作幅度不够大（哑铃应尽量碰触到双腿）。
- 两次动作之间在地面有短暂休息。

卷腹推举

动作简述

    1. 平躺在地板上，双脚踩地。

    2. 双手握住哑铃的一端。

    3. 肘关节伸直，将哑铃高举在胸部正上方。

    4. 卷腹，同时把哑铃向天花板方向推举。

    5. 恢复初始姿势，当上背部碰触到地面时，立即开始下一次推举，在地面不要有任何停留。

常见错误

- 手臂没有完全伸直。
- 两次动作之间在地面有停留。
- 卷腹动作幅度不够大。

下斜卷腹推举

动作简述

1. 平躺在凳面上，头部朝下。初始角度为15度，随着核心力量的增强，逐渐增大角度。

2. 膝关节弯曲，双腿穿过支架，将身体固定在凳上。

3. 双手握住哑铃外侧，将哑铃横放在前胸上。

4. 卷腹，同时把哑铃向天花板方向推举。

5. 恢复初始姿势，当上背部碰触到凳面时，立即开始下一次推举，在凳面不要有任何停留。

常见错误

- 手臂没有完全伸直。
- 两次动作之间在地面有停留。
- 卷腹动作幅度不够大。

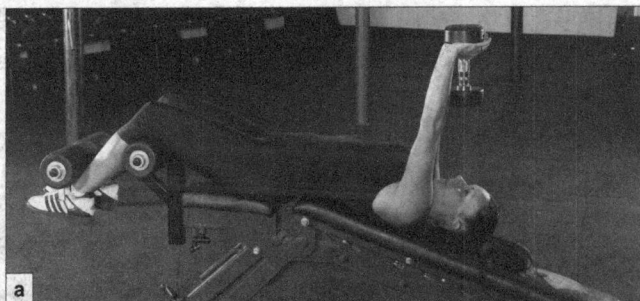

交替卷腹推举

动作简述

1. 平躺在地面上，膝关节弯曲，双脚踩地。

2. 双手握住哑铃外侧，肘关节伸直，将哑铃举起到胸部上方。

3. 卷腹，向右腿外侧推举哑铃。

4. 重复上述动作，向左腿外侧推举哑铃。

5. 恢复初始姿势，当上背部碰触到凳面时，立即开始下一次推举，在地面不要有任何停留。

常见错误

- 手臂没有完全伸直。
- 两次动作之间在地面有停留。
- 卷腹动作幅度不够大。
- 哑铃没有碰触腿部外侧。

下斜卷腹交替推举

动作简述

1. 平躺在凳面上，头部朝下。初始角度为15度，随着核心力量的增强，逐渐增大角度。

2. 膝关节弯曲，双腿穿过支架，将身体固定在凳子上。

3. 双手握住哑铃外侧，将哑铃横放在前胸上。

4. 卷腹，向左腿外侧推举哑铃。

5. 恢复初始姿势，当上背部碰触到凳面时，立即开始下一次推举，在凳面不要有任何停留。

6. 重复上述动作，改为向右腿外侧推举哑铃。

常见错误

- 手臂没有完全伸直。
- 两次动作之间在地面有停留。
- 卷腹动作幅度不够大。
- 哑铃没有碰触腿部外侧。

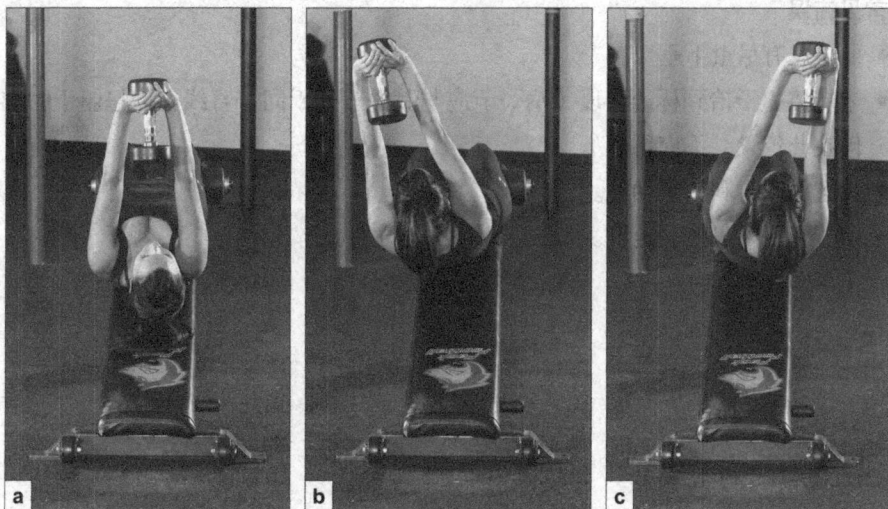

下背部训练

下背部的肌肉主要是竖脊肌、斜方肌、臀大肌和大收肌。

背部伸展

动作简述

1. 平躺在背部伸展机上面朝下。你也可以趴在凳面上，使腰部以上悬垂在凳边。搭档负责将你的双腿固定在凳上。

2. 双手握持在胸部位置。

3. 在初始位置时，腰部弯曲，头部接近地板，肩部位于臀部正下方。

4. 背部保持平直，臀部夹紧，不要借助动能，将躯干抬起。

5. 如果使用背部伸展机，躯干抬起的高度标准为肩关节与髋关节等高。

6. 如果使用斜凳，躯干抬起的高度标准为肩关节与髋关节、膝关节、踝关节处于同一直线。

7. 控制躯干下垂，缓慢恢复初始姿势，肩部位于臀部正下方。头部尽量接近地板，同时背部保持平直。

常见错误

- 躯干没有尽量下垂。
- 未能将躯干抬到标准高度（肩关节应与髋关节处于同一直线，抬起躯干时应停在此位置，不应再高）。
- 抬起躯干时利用了动能。
- 躯干下垂时未控制速度。

扭转背部伸展

动作简述

1. 平躺在背部伸展机上。你也可以趴在斜凳上，使腰部以上悬垂在凳边。搭档负责将你的双腿固定在凳上。

2. 双手握持在胸部位置。

3. 在初始位置时，腰部弯曲，头部接近地板，肩部位于臀部正下方。

4. 背部保持平直，臀部夹紧，不要借助动能，将躯干抬起，同时扭转躯干，在最高点时肩关节正对天花板。

5. 控制躯干下垂，缓慢恢复到初始姿势。

6. 重复上述动作，向相反方向扭转躯干。

7. 如果使用背部伸展机，躯干抬起的高度标准为肩关节与髋关节等高。

8. 如果使用斜凳，躯干抬起的高度标准为肩关节与髋关节、膝关节、踝关节处于同一直线。

常见错误

- 躯干没有尽量下垂。
- 未能将躯干抬到标准高度（肩关节应与髋关节处于同一直线，抬起躯干时应停在此位置，不应再高）。
- 抬起躯干时利用了动能。
- 躯干下垂时未控制速度。

全身训练

全身训练涉及下肢和上肢的主要肌肉群，采用举重的方式，也就是奥林匹克举重。举重包括下蹲翻、高翻和挺举，还有一些相关的训练。

当利用哑铃进行训练时，全身训练比其他训练方式能获得更大的收益，最重要的是全身训练采用了爆发式动作。健身者需要尽快地完成举重动作，由于这个加速过程，举重可以爆发出巨大的力量。研究表明，在举重过程中释放的力量要比一般运动释放出的力量大得多，如卧推、深蹲或硬拉。在许多运动中，最佳表现的关键因素并不是力量水平，而是爆发力水平。而且，当利用哑铃训练时，因为哑铃既可以双臂交替练习，也可以单臂练习，使得训练方式更加多样化，这一点杠铃显然无法实现。

超等长训练也可以增强爆发力，本书第9章的爆发力训练部分，超等长训练就是训练项目之一。超等长训练利用了在许多练习中的肌肉伸展—收缩循环。肌肉的伸展—收缩循环增强了爆发性的肌肉收缩能力。

本章的训练与前几章的训练可以结合起来，例如高翻、挺举、前深蹲和交替挺举。这样的结合是无穷尽的，只要你有足够的创造力，其好处之一是能够增强肌肉的耐力。在超等长训练中进行结合式训练，每组动作也可以调动更多的肌肉群。

这里要提醒一下读者，在本章下面所介绍的训练中，你都会看到"握住哑铃"或"握住杠铃"的描述。哑铃是不能脱手的，当然要用手抓住，握住哑铃的意思是，发力把哑铃举到合适的位置，并使哑铃完全静止。

借力推举

动作简述

　　1. 站在地面上，双脚与肩同宽，将哑铃举在双肩上。

　　2. 臀部下沉，做出垂直上跳的姿势，脚跟不要离开地面。

　　3. 当臀部下沉到最低点时迅速上抬，踩踏地面，将动量通过下肢和躯干传递到上肢，此时肩上的哑铃会略微上提。

　　4. 当哑铃离开肩部时，伸展肘关节，将哑铃垂直举起。

　　5. 保持此姿势数秒，放下哑铃，恢复初始姿势。

常见错误

- 站立时双脚比肩宽或比肩窄。
- 动作开始时膝关节向前弯曲，而不是臀部向后下沉。
- 臀部下沉后停留了数秒。应是立即上抬臀部。
- 举起哑铃的动作过早。应等哑铃因下肢的运动自然脱离肩部时再上举。
- 举起哑铃的动作太快（动作不应比哑铃肩上推举快）。
- 在哑铃举到最高点时没有保持数秒，就放下了哑铃。

交替借力推举

动作简述

1. 站在地面上，双脚与肩同宽，将哑铃举在双肩上。

2. 臀部下沉，做出垂直上跳的姿势，脚跟不要离开地面。

3. 当臀部下沉到最低点时迅速上抬，踩踏地面，将动量通过下肢和躯干传递到上肢。

4. 此时肩上的哑铃会略微上提。

5. 当哑铃离开肩部时，伸展右臂肘关节，将哑铃垂直举起。

6. 保持此姿势数秒，放下哑铃，恢复初始姿势。

7. 用左臂重复上述动作。

常见错误

● 站立时双脚比肩宽或比肩窄。

● 动作开始时膝关节向前弯曲。应是臀部向后下沉。

● 臀部下沉后停留了数秒。应是立即上抬臀部。

● 举起哑铃的动作过早。应等哑铃因下肢的运动自然脱离肩部时再上举。

● 举起哑铃的动作太快（动作不应比哑铃肩上推举快）。

● 在哑铃举到最高点时没有保持数秒，就放下了哑铃。

单臂借力推举

动作简述

1. 站在地面上，双脚与肩同宽。

2. 右手握住哑铃，举在右肩上。

3. 臀部下沉，做出垂直上跳的姿势，脚跟不要离开地面。

4. 当臀部下沉到最低点时迅速上抬，踩踏地面，将动量通过下肢和躯干传递到上肢。

5. 此时肩上的哑铃会略微上提。当哑铃离开肩部时，伸展右臂肘关节，将哑铃垂直举起。

6. 保持此姿势数秒，放下哑铃，恢复初始姿势。

7. 完成规定次数后，用左臂重复上述动作。

常见错误

- 站立时双脚比肩宽或比肩窄。
- 动作开始时膝关节向前弯曲。应是臀部向后下沉。
- 臀部下沉后停留了数秒。应是立即上抬臀部。
- 举起哑铃的动作过早。应等哑铃因下肢的运动自然脱离肩部时再上举。
- 举起哑铃的动作太快（动作不应比哑铃肩上推举快）。
- 在哑铃举到最高点时没有保持数秒，就放下了哑铃。

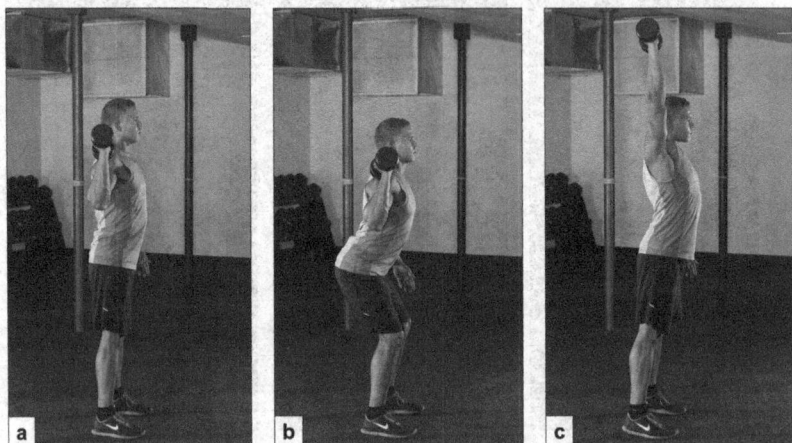

借力挺举

动作简述

1. 站在地面上，双脚与肩同宽。双手握住哑铃举在肩上。

2. 臀部下沉，做出垂直上跳的姿势，脚跟不要离开地面。

3. 当臀部下沉到最低点时迅速上抬，踩踏地面，将动量通过下肢和躯干传递到上肢。

4. 从下肢传递来的动量会使肩上的哑铃略微上提。当哑铃离开肩部时，伸展肘关节，将哑铃垂直举起。双臂要把哑铃控制在正确的位置，尽量不要用推举的动作。

5. 保持此姿势数秒，放下哑铃，恢复初始姿势。

常见错误

- 站立时双脚比肩宽或比肩窄。
- 动作开始时膝关节向前弯曲。应是臀部向后下沉。
- 臀部下沉后停留了数秒。应是立即上抬臀部。
- 举起哑铃的动作过早。
- 举起哑铃的动作太快（动作不应比哑铃肩上推举快）。
- 在哑铃举到最高点时没有保持数秒，就放下了哑铃。

交替借力挺举

动作简述

    1. 站在地面上，双脚与肩同宽。双手握住哑铃举在肩上。

    2. 臀部下沉，做出垂直上跳的姿势，脚跟不要离开地面。

    3. 当臀部下沉到最低点时迅速上抬，踩踏地面，将动量通过下肢和躯干传递到上肢。

    4. 从下肢传递来的动量会使肩上的哑铃略微上提。当哑铃离开肩部时，伸展左臂肘关节，将哑铃垂直举起。左臂要把哑铃控制在正确的位置，尽量不要采用推举的动作。

    5. 保持此姿势数秒，放下哑铃，恢复初始姿势。

    6. 用右臂重复上述动作。

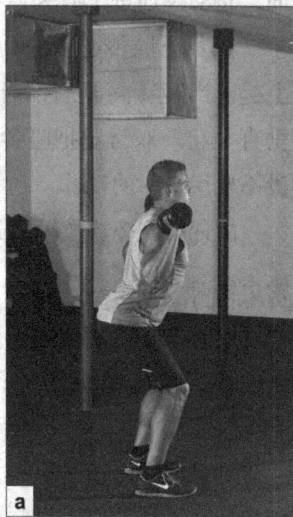

常见错误

- 站立时双脚比肩宽或比肩窄。
- 动作开始时膝关节向前弯曲。应是臀部向后下沉。
- 臀部下沉后停留了数秒。应是立即上抬臀部。
- 举起哑铃的动作过早。应等哑铃因下肢的运动自然脱离肩部时再上举。
- 仅靠双臂的力量举起哑铃，而没有借助下肢的动量。
- 在哑铃举到最高点时没有保持数秒，就放下了哑铃。

单臂借力挺举

动作简述

1. 站在地面上，双脚与肩同宽。右手握住哑铃举在右肩上。

2. 臀部下沉，做出垂直上跳的姿势，脚跟不要离开地面。

3. 当臀部下沉到最低点时迅速上抬，踩踏地面，将动量通过下肢和躯干传递到上肢。

4. 从下肢传递来的动量会使哑铃离开肩部。当哑铃离开肩部时，伸展右臂肘关节，将哑铃垂直举起。右臂要把哑铃控制在正确的位置，尽量不要采用推举的动作。

5. 保持此姿势数秒，放下哑铃，恢复初始姿势。

6. 完成规定次数后，用左臂重复上述动作。

常见错误

- 站立时双脚比肩宽或比肩窄。
- 动作开始时膝关节向前弯曲。应是臀部向后下沉。
- 臀部下沉后停留了数秒。应是立即上抬臀部。
- 举起哑铃的动作过早（应等哑铃因下肢的运动自然脱离肩部时，手臂再开始举起哑铃）。
- 仅靠双臂的力量举起哑铃，而没有借助下肢的动量。
- 在哑铃举到最高点时没有保持数秒，就放下了哑铃。

分腿交替挺举

动作简述

1. 站在地面上，双脚与肩同宽。双手握住哑铃举在肩上。

2. 臀部下沉，做出垂直上跳的姿势，脚跟不要离开地面。

3. 当臀部下沉到最低点时迅速上抬，踩踏地面，将动量通过下肢和躯干传递到上肢。

4. 从下肢传递来的动量会使哑铃离开肩部。

5. 当髋关节完全伸展时，迅速分开双腿，左脚迈出，右脚后撤，双手握住哑铃，身体呈弓箭步姿势。

6. 两腿分立后，继续上推哑铃，直到肘关节完全伸展。双臂要把哑铃控制在正确的位置，尽量不要采用推举的动作。

7. 右脚前迈，左脚后撤，恢复初始位置。

8. 停留数秒后，把哑铃放回到肩上。

9. 双腿交替重复上述动作。

常见错误

- 站立时双脚比肩宽或比肩窄。
- 动作开始时膝关节向前弯曲。应是臀部向后下沉。
- 臀部下沉后停留了数秒。应是立即上抬臀部。
- 靠双臂的力量举起哑铃，而不是用双臂把哑铃控制在最高点。
- 双脚没有恢复到初始位置，就放下了哑铃。

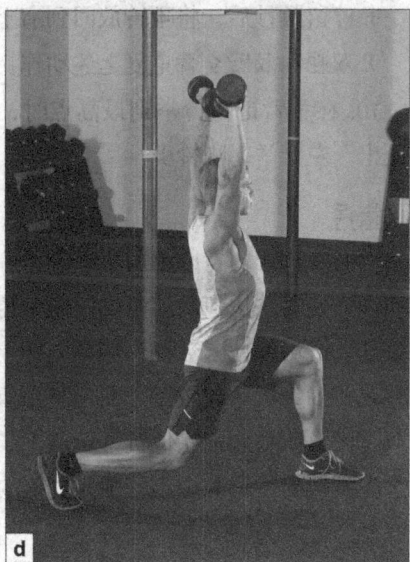

分腿交替臂挺举

动作简述

1. 站在地面上，双脚与肩同宽。双手握住哑铃，举在肩上。

2. 臀部下沉，做出垂直上跳的姿势，脚跟不要离开地面。

3. 当臀部下沉到最低点时迅速上抬，踩踏地面，将动量通过下肢和躯干传递到上肢。

4. 从下肢传递来的动量会使哑铃快速离开肩部。

5. 当髋关节完全伸展时，迅速分开双腿，左脚迈出，右脚后撤，双手握住哑铃，身体呈弓箭步姿势。

6. 两腿分立后，继续上推哑铃，直到肘关节完全伸展。双臂要把哑铃控制在正确的位置，尽量不要采用推举的动作。

7. 右脚前迈，左脚后撤，恢复初始位置。

8. 停留数秒后，将哑铃放回到肩上。

9. 双腿和双臂交替重复上述动作。

10. 在手臂把哑铃举到最高点时，另一侧的腿应是向前迈出的（如右腿向前迈出，左臂举起哑铃）。

常见错误

- 站立时双脚比肩宽或比肩窄。
- 动作开始时膝关节向前弯曲。应是臀部向后下沉。
- 臀部下沉后停留了数秒。应是立即上抬臀部。
- 靠双臂的力量举起哑铃，而不是用双臂把哑铃控制在最高点。
- 双脚没有恢复到初始位置，就放下了哑铃。
- 举起哑铃的手臂和迈出的腿是同侧的。

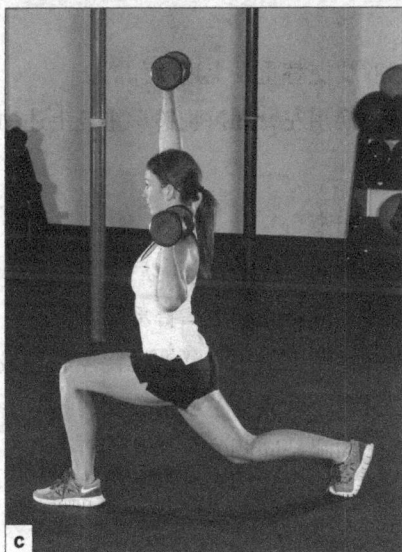

分腿交替单臂挺举

动作简述

1. 站在地面上，双脚与肩同宽。双手握住哑铃，举在右肩上。

2. 臀部下沉，做出垂直上跳的姿势，脚跟不要离开地面。

3. 当臀部下沉到最低点时迅速上抬，踩踏地面，将动量通过下肢和躯干传递到上肢。

4. 从下肢传递来的动量会使哑铃离开肩部。

5. 当髋关节完全伸展时，迅速分开双腿，左脚迈出，右脚后撤，双手握住哑铃，身体呈弓箭步姿势。

6. 两腿分立后，继续上推哑铃，直到肘关节完全伸展。双臂要把哑铃控制在正确的位置，尽量不要采用推举的动作。

7. 保持此姿势数秒后，右脚前迈，左脚后撤，恢复两脚分立状态，同时哑铃下放到初始位置。

8. 右臂握持哑铃，双腿交替重复上述动作。

9. 完成规定次数后，换用左臂握持哑铃，重复上述动作。

常见错误

- 站立时双脚比肩宽或比肩窄。
- 动作开始时膝关节向前弯曲。应是臀部向后下沉。
- 臀部下沉后停留了数秒。应是立即上抬臀部。
- 靠双臂的力量举起哑铃，而不是用双臂把哑铃控制在最高点。
- 双脚没有恢复到初始位置，就放下了哑铃。
- 举起哑铃的手臂和迈出的腿是同侧的。

注意：全部的下蹲翻和抓举训练都可以用直立姿势完成，也可以做完整套动作。整套动作的初始姿势是半蹲握住哑铃，或模拟握持全质量杠铃的姿势。除此以外，以直立姿势训练和以整套动作训练差别不大。

由于以半蹲初始姿势进行训练的运动幅度更大，所以通常采用的质量也更重。不过直立姿势比整套动作更易学，因此建议先进行直立姿势训练，待熟练掌握后再学习整套动作。

直立高翻

动作简述

1. 站在地面上，双脚与肩同宽。

2. 双臂下垂，各握一只哑铃，靠在双腿外侧。

3. 臀部下沉，背部微曲，头部挺直，哑铃下放到适当高度（直立姿势训练时，哑铃杆位于膝关节中部；完整动作训练时，哑铃杆位于小腿中部）。

4. 肩部应略向前倾，如果肩部在膝关节后方，则伸直膝关节，直到肩部位于膝关节前方。

5. 双脚踩地，伸直髋关节、膝关节和踝关节。

6. 各关节伸直后，用力耸肩，上提哑铃。

7. 耸肩并上提哑铃后，沿着胸廓将哑铃拉到腋下附近。

8. 臀部发力将身体上提，用力翻肘把哑铃后半部举到肩上，身体呈四分之一下蹲姿势。

9. 此时头部应保持直立，背部微曲，肘部高抬，膝关节位于脚尖后方。

10. 哑铃位于肩上时，伸直膝关节和踝关节，身体呈直立姿势。

常见错误

- 站立时双脚比肩宽或比肩窄。
- 哑铃的初始位置高于或低于膝关节。
- 肩部的初始位置在哑铃正上方或后方，而不是比哑铃略微靠前。
- 在踝关节、膝关节和髋关节完全伸直前，就开始曲肘，且耸肩时肩关节过高。
- 将哑铃提拉到腋下附近的运动轨迹是弧形的，而不是直线。
- 动作开始时膝关节向前弯曲。应是臀部向后下沉。
- 哑铃的握持方向是朝着地板，而不是朝着墙壁。
- 臀部下沉幅度太大。应当下沉适当的高度，恰好使哑铃翻举到肩上。

交替臂直立高翻

动作简述

1. 站在地面上，双脚与肩同宽。

2. 双臂下垂，各握一只哑铃，靠在双腿外侧。

3. 臀部下沉，背部微曲，头部挺直，哑铃下放到适当高度（直立姿势训练时，哑铃杆位于膝关节中部；完整动作训练时，哑铃杆位于小腿中部）。

4. 肩部应略向前倾，如果肩部在膝关节后方，则伸直膝关节，直到肩部位于膝关节前方。

5. 双脚踩地，伸直髋关节、膝关节和踝关节。

6. 各关节伸直后，用力耸肩，左臂上提哑铃。

7. 耸肩并上提哑铃后，沿着胸廓将哑铃拉到腋下附近。

8. 臀部发力将身体上提，用力翻肘把哑铃放到肩上，身体呈四分之一下蹲姿势。

9. 此时头部应保持直立，背部微曲，肘部高抬，膝关节位于脚尖后方。

10. 哑铃位于肩上时，伸直膝关节和踝关节，身体呈直立姿势。

11. 恢复初始姿势，换右臂重复上述动作。

常见错误

- 站立时双脚比肩宽或比肩窄。
- 哑铃的初始位置高于或低于膝关节。
- 肩部的初始位置在哑铃正上方或后方，而不是比哑铃略微靠前。
- 在踝关节、膝关节和髋关节完全伸直前，就开始曲肘，且耸肩时肩关节过高。
- 将哑铃提拉到腋下附近的运动轨迹是弧形的，而不是直线。
- 动作开始时膝关节向前弯曲。应是臀部向后下沉。
- 哑铃的握持方向是朝着地板，而不是朝着墙壁。
- 臀部下沉幅度太大。应当下沉适当的高度，恰好使哑铃翻举到肩上。

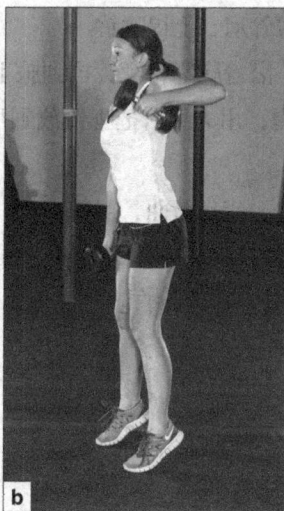

单臂直立高翻

动作简述

1. 站在地面上，双脚与肩同宽。

2. 双臂下垂，右手握持一只哑铃，靠在右腿外侧。

3. 臀部下沉，背部微曲，头部挺直，哑铃下放到适当高度（直立姿势训练时，哑铃杆位于膝关节中部；完整动作训练时，哑铃杆位于小腿中部）。

4. 肩部应略向前倾，如果肩部在膝关节后方，则伸直膝关节，直到肩部位于膝关节前方。

5. 双脚踩地，伸直髋关节、膝关节和踝关节。

6. 各关节伸直后，用力耸肩，上提哑铃。

7. 耸肩并上提哑铃后，沿着胸廓将哑铃拉到腋下附近。

8. 臀部发力将身体上提，用力翻肘把哑铃放到肩上，身体呈四分之一下蹲姿势。

9. 此时头部应保持直立，背部微曲，肘部高抬，膝关节位于脚尖后方。

10. 哑铃位于肩上时，伸直膝关节和踝关节，身体呈直立姿势。

11. 恢复初始姿势，重复上述动作直到完成规定次数。

12. 换左臂重复上述动作。

常见错误

- 站立时双脚比肩宽或比肩窄。
- 哑铃的初始位置高于或低于膝关节。
- 肩部的初始位置在哑铃正上方或后方，而不是比哑铃略微靠前。
- 在踝关节、膝关节和髋关节完全伸直前，就开始曲肘，且耸肩时肩关节过高。
- 将哑铃提拉到腋下附近的运动轨迹是弧形的，而不是直线。
- 动作开始时膝关节向前弯曲。应是臀部向后下沉。
- 哑铃的握持方向是朝着地板，而不是朝着墙壁。
- 臀部下沉幅度太大。应当下沉适当的高度，恰好使哑铃翻举到肩上。

直立悬垂翻

动作简述

1. 站在地面上，双脚与肩同宽。

2. 双臂下垂，双手各握持一只哑铃，靠在双腿外侧。

3. 臀部下沉，背部微曲，头部挺直，哑铃下放到适当高度（直立姿势训练时，哑铃杆位于膝关节中部；完整动作训练时，哑铃杆位于小腿中部）。

4. 肩部应位于哑铃前方。

5. 如果肩部在膝关节后方，则伸直膝关节，直到肩部位于膝关节前方。

6. 双脚踩地，伸直髋关节、膝关节和踝关节。

7. 各关节伸直后，用力耸肩，上提哑铃。

8. 耸肩并上提哑铃后，沿着胸廓将哑铃拉到腋下附近。

9. 臀部发力将身体上提，用力翻肘把哑铃放到肩上。

10. 臀部继续下沉直到平行深蹲，脚后跟不要离地。

11. 哑铃位于肩上时，头部应保持直立，背部微曲，肘部高抬，膝关节位于脚尖后方。

12. 伸直膝关节，身体呈直立姿势，保持头部挺直，背部微曲。

常见错误

- 站立时双脚比肩宽或比肩窄。

- 哑铃的初始位置高于或低于膝关节。

- 肩部的初始位置在哑铃正上方或后方，而不是比哑铃略微靠前。

- 在踝关节、膝关节和髋关节完全伸直前，就开始曲肘，且耸肩时肩关节过高。

- 将哑铃提拉到腋下附近的运动轨迹是弧形的，而不是直线。

- 动作开始时膝关节向前弯曲。应是臀部向后下沉。

- 哑铃的握持方向是朝着地板，而不是朝着墙壁。

- 臀部下沉幅度太大。应当下沉适当的高度，恰好使哑铃翻举到肩上。

- 臀部下沉时的幅度不符合平行深蹲的要求。

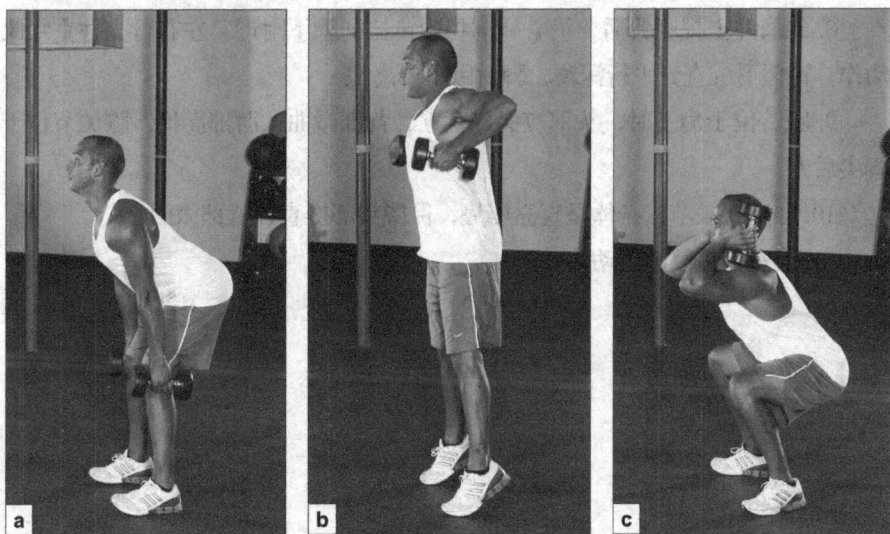

交替臂直立悬垂翻

动作简述

1. 站在地面上，双脚与肩同宽。

2. 双臂下垂，双手各握持一只哑铃，靠在双腿外侧。

3. 臀部下沉，背部微曲，头部挺直，哑铃下放到适当高度（直立姿势训练时，哑铃杆位于膝关节中部；完整动作训练时，哑铃杆位于小腿中部）。

4. 肩部应位于哑铃前方。

5. 如果肩部在膝关节后方，则伸直膝关节，直到肩部位于膝关节前方。

6. 双脚踩地，伸直髋关节、膝关节和踝关节。

7. 各关节伸直后，用力耸肩，上提哑铃。

8. 耸肩并上提哑铃后，沿着胸廓将哑铃拉到腋下附近。左右臂交替重复此动作。臀部下沉直到平行深蹲，脚后跟不要离地。

9. 哑铃位于肩上时，头部应保持直立，背部微曲，肘部高抬，膝关节位于脚尖后方。

10. 伸直膝关节，身体呈直立姿势，保持头部挺直，背部微曲。

11. 换左臂重复上述动作。

常见错误

- 站立时双脚比肩宽或比肩窄。
- 哑铃的初始位置高于或低于膝关节。
- 肩部的初始位置在哑铃正上方或后方，而不是比哑铃略微靠前。
- 在踝关节、膝关节和髋关节完全伸直前，就开始曲肘，且耸肩时肩关节过高。
- 将哑铃提拉到腋下附近的运动轨迹是弧形的，而不是直线。
- 动作开始时膝关节向前弯曲。应是臀部向后下沉。
- 哑铃的握持方向是朝着地板，而不是朝着墙壁。
- 臀部下沉幅度太大。应当下沉适当的高度，恰好使哑铃翻举到肩上。
- 臀部下沉时幅度不符合平行深蹲要求。

单臂直立悬垂翻

动作简述

1. 站在地面上，双脚与肩同宽。

2. 双臂下垂，右手握持一只哑铃，靠在右腿外侧。

3. 臀部下沉，背部微曲，头部挺直，哑铃下放到适当高度（直立姿势训练时，哑铃杆位于膝关节中部；完整动作训练时，哑铃杆位于小腿中部）。

4. 肩部应位于哑铃前方。

5. 如果肩部在膝关节后方，则伸直膝关节，直到肩部位于膝关节前方。

6. 双脚踩地，伸直髋关节、膝关节和踝关节。

7. 各关节伸直后，用力耸肩，上提哑铃。

8. 耸肩并上提哑铃后，沿着胸廓将哑铃拉到腋下附近。

9. 臀部下沉直到平行深蹲，脚后跟不要离地。

10. 哑铃位于肩上时，头部应保持直立，背部微曲，肘部高抬，膝关节位于脚尖后方。

11. 伸直膝关节，身体呈直立姿势，保持头部挺直，背部微曲。

12. 换左臂重复上述动作。

常见错误

- 站立时双脚比肩宽或比肩窄。
- 哑铃的初始位置高于或低于膝关节。
- 肩部的初始位置在哑铃正上方或后方，而不是比哑铃略微靠前。
- 在踝关节、膝关节和髋关节完全伸直前，就开始曲肘，且耸肩时肩关节过高。
- 将哑铃提拉到腋下附近的运动轨迹是弧形的，而不是直线。
- 动作开始时膝关节向前弯曲。应是臀部向后下沉。
- 哑铃的握持方向是朝着地板，而不是朝着墙壁。
- 臀部下沉幅度太大。应当下沉适当的高度，恰好使哑铃翻举到肩上。
- 臀部下沉时的幅度不符合平行深蹲的要求。

直立抓举

动作简述

1. 站在地面上，双脚与肩同宽。

2. 双臂下垂，双手各握持一只哑铃，靠在两腿外侧。

3. 臀部下沉，背部微曲，头部挺直，哑铃下放到适当高度（直立姿势训练时，哑铃杆位于膝关节中部；完整动作训练时，哑铃杆位于小腿中部）。

4. 肩部应位于哑铃前方。

5. 如果肩部在膝关节后方，则伸直膝关节，直到肩部位于膝关节前方。

6. 双脚踩地，伸直髋关节、膝关节和踝关节。

7. 各关节伸直后，用力耸肩，上提哑铃。

8. 耸肩并上提哑铃后，沿着胸廓将哑铃拉到腋下附近。

9. 继续匀速上举哑铃，直到双臂肘关节伸直，哑铃位于肩部上方。同时臀部下沉，呈半蹲姿势。

10. 双臂肘关节伸直，哑铃位于肩部上方时，伸直膝关节和髋关节，身体呈直立姿势。保持哑铃高举数秒后，缓缓放下哑铃，恢复到初始位置。

常见错误

- 站立时双脚比肩宽或比肩窄。
- 哑铃的初始位置高于或低于膝关节。
- 肩部的初始位置在哑铃正上方或后方，而不是比哑铃略微靠前。
- 在踝关节、膝关节和髋关节完全伸直前，就开始曲肘，且耸肩时肩关节过高。
- 将哑铃上举过头顶的轨迹是曲线，而不是笔直地经过臀部、肩部和耳边。
- 动作开始时膝关节向前弯曲。应是臀部向后下沉。
- 哑铃在恢复初始位置前未在最高点停留数秒。

交替臂直立抓举

动作简述

1. 站在地面上，双脚与肩同宽。

2. 双手各握持一只哑铃，靠在两腿外侧。

3. 臀部下沉，背部微曲，头部挺直，哑铃下放到适当高度（直立姿势训练时，哑铃杆位于膝关节中部；完整动作训练时，哑铃杆位于小腿中部）。

4. 肩部应位于哑铃前方。

5. 如果肩部在膝关节后方，则伸直膝关节，直到肩部位于膝关节前方。

6. 双脚踩地，伸直髋关节、膝关节和踝关节。

7. 各关节伸直后，用力耸肩，上提哑铃。

8. 耸肩并上提哑铃后，右臂沿着胸廓将哑铃拉到腋下附近。

9. 继续匀速上举哑铃，直到肘关节伸直，哑铃位于肩部上方。同时臀部下沉，呈半蹲姿势。

10. 右臂肘关节伸直，哑铃位于肩部上方时，伸直膝关节和髋关节，身体呈直立姿势。保持哑铃高举数秒后，缓缓放下哑铃，恢复到初始位置。

11. 换左臂重复上述动作。

常见错误

- 站立时双脚比肩宽或比肩窄。
- 哑铃的初始位置高于或低于膝关节。
- 肩部的初始位置在哑铃正上方或后方，而不是比哑铃略微靠前。
- 在踝关节、膝关节和髋关节完全伸直前，就开始曲肘，且耸肩时肩关节过高。
- 将哑铃上举过头顶的轨迹是曲线，而不是笔直地经过臀部、肩部和耳边。
- 动作开始时膝关节向前弯曲。应是臀部向后下沉。
- 哑铃在恢复初始位置前未在最高点停留数秒。

单臂直立抓举

动作简述

1.站在地面上，双脚与肩同宽。

2.右手握持一只哑铃，靠在右腿外侧。

3.臀部下沉，背部微曲，头部挺直，哑铃下放到适当高度（直立姿势训练时，哑铃杆位于膝关节中部；完整动作训练时，哑铃杆位于小腿中部）。

4.肩部应位于哑铃前方。

5.如果肩部在膝关节后方，则伸直膝关节，直到肩部位于膝关节前方。

6.双脚踩地，伸直髋关节、膝关节和踝关节。

7.各关节伸直后，用力耸肩，上提哑铃。

8.耸肩并上提哑铃后，右臂沿着胸廓将哑铃拉到腋下附近。

9.继续匀速上举哑铃，直到右臂肘关节伸直，哑铃位于肩部上方。同时臀部下沉，身体半蹲，紧握哑铃。

10.右臂肘关节伸直，哑铃位于肩部上方时，伸直膝关节和髋关节，身体呈直立姿势。保持哑铃高举数秒后，缓缓放下哑铃，恢复到初始位置。

11.换左臂重复上述动作。

常见错误

- 站立时双脚比肩宽或比肩窄。
- 哑铃的初始位置高于或低于膝关节。
- 肩部的初始位置在哑铃正上方或后方，而不是比哑铃略微靠前。
- 在踝关节、膝关节和髋关节完全伸直前，就开始曲肘，且耸肩时肩关节过高。
- 将哑铃上举过头顶的轨迹是曲线，而不是笔直地经过臀部、肩部和耳边。
- 动作开始时膝关节向前弯曲。应是臀部向后下沉。
- 哑铃在恢复初始位置前未在最高点停留数秒。

分腿直立抓举

动作简述

1. 站在地面上，双脚与肩同宽。

2. 双手各握持一只哑铃，靠在两腿外侧。

3. 臀部下沉，背部微曲，头部挺直，哑铃下放到适当高度（直立姿势训练时，哑铃杆位于膝关节中部；完整动作训练时，哑铃杆位于小腿中部）。

4. 肩部应位于哑铃前方。

5. 如果肩部在膝关节后方，则伸直膝关节，直到肩部位于膝关节前方。

6. 双脚踩地，伸直髋关节、膝关节和踝关节。

7. 各关节伸直后，用力耸肩，上提哑铃。

8. 耸肩并上提哑铃后，沿着胸廓将哑铃拉到腋下附近。

9. 继续匀速上举哑铃，直到肘关节伸直，哑铃位于肩部上方。同时双腿分开呈弓箭步，左腿向前迈出，右腿后撤。

10. 肘关节伸直，哑铃位于肩部上方时，左脚后撤，右脚前迈，双腿并拢恢复直立姿势。身体短暂保持此姿势。

11. 双腿并拢后，下放哑铃到初始位置，双脚交替重复分腿动作。

常见错误

- 站立时双脚比肩宽或比肩窄。
- 哑铃的初始位置高于或低于膝关节。
- 肩部的初始位置在哑铃正上方或后方，而不是比哑铃略微靠前。
- 在踝关节、膝关节和髋关节完全伸直前，就开始曲肘，且耸肩时肩关节过高。
- 将哑铃上举过头顶的轨迹是曲线，而不是笔直地经过臀部、肩部和耳边。
- 分腿并降低身体重心时前脚迈出的步幅不够大。
- 哑铃在恢复初始位置前未在最高点停留数秒。
- 双腿并拢恢复直立姿势前就开始放下哑铃。

分腿交替臂直立抓举

动作简述

1. 站在地面上，双脚与肩同宽。

2. 双手各握持一只哑铃，靠在两腿外侧。

3. 臀部下沉，背部微曲，头部挺直，哑铃下放到适当高度（直立姿势训练时，哑铃杆位于膝关节中部；完整动作训练时，哑铃杆位于小腿中部）。

4. 肩部应位于哑铃前方。

5. 如果肩部在膝关节后方，则伸直膝关节，直到肩部位于膝关节前方。

6. 双脚踩地，伸直髋关节、膝关节和踝关节。

7. 各关节伸直后，用力耸肩，上提哑铃。

8. 耸肩并上提哑铃后，右臂沿着胸廓将哑铃拉到腋下附近。

9. 继续匀速上举哑铃，直到右臂肘关节伸直，哑铃位于肩部上方。同时双腿分开呈弓箭步，左腿向前迈出，右腿后撤。

10. 右臂肘关节伸直，哑铃位于肩部上方时，左脚后撤，右脚前迈，双腿并拢恢复直立姿势。身体短暂保持此姿势。

11. 双腿并拢后，下放哑铃到初始位置，双臂和双脚交替，重复分腿动作。

常见错误

● 站立时双脚比肩宽或比肩窄。

● 哑铃的初始位置高于或低于膝关节。

● 肩部的初始位置在哑铃正上方或后方，而不是比哑铃略微靠前。

● 在踝关节、膝关节和髋关节完全伸直前，就开始曲肘，且耸肩时肩关节过高。

● 将哑铃上举过头顶的轨迹是曲线，而不是笔直地经过臀部、肩部和耳边。

● 分腿并降低身体重心时前脚迈出的步幅不够大。

● 哑铃在恢复初始位置前未在最高点停留数秒。

● 在双腿并拢恢复直立姿势前就开始放下哑铃。

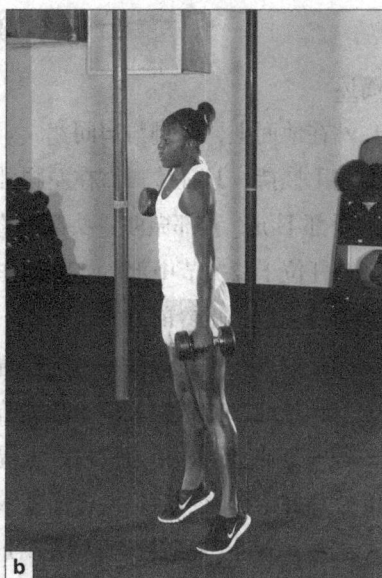

分腿单臂直立抓举

动作简述

1. 站在地面上，双脚与肩同宽。

2. 左手握持一只哑铃，靠在左腿外侧。

3. 臀部下沉，背部微曲，头部挺直，哑铃下放到适当高度（直立姿势训练时，哑铃杆位于膝关节中部；完整动作训练时，哑铃杆位于小腿中部）。

4. 肩部应位于哑铃前方。

5. 如果肩部在膝关节后方，则伸直膝关节，直到肩部位于膝关节前方。

6. 双脚踩地，伸直髋关节、膝关节和踝关节。

7. 各关节伸直后，用力耸肩，上提哑铃。

8. 耸肩并上提哑铃后，左臂沿着胸廓将哑铃拉到腋下附近。

9. 继续匀速上举哑铃，直到左臂肘关节伸直，哑铃位于肩部上方。同时双腿分开呈弓箭步，左腿向前迈出，右腿后撤。

10. 左臂肘关节伸直，哑铃位于肩部上方时，左脚后撤，右脚前迈，双腿并拢恢复直立姿势。身体短暂保持此姿势。

11. 双腿并拢后，下放哑铃到初始位置，双脚交替重复分腿动作。

常见错误

- 站立时双脚比肩宽或比肩窄。
- 哑铃的初始位置高于或低于膝关节。
- 肩部的初始位置在哑铃正上方或后方，而不是比哑铃略微靠前。
- 在踝关节、膝关节和髋关节完全伸直前，就开始曲肘，且耸肩时肩关节过高。
- 将哑铃上举过头顶的轨迹是曲线，而不是笔直地经过臀部、肩部和耳边。
- 分腿并降低身体重心时前脚迈出的步幅不够大。
- 哑铃在恢复初始位置前未在最高点停留数秒。
- 在双腿并拢恢复直立姿势前就开始放下哑铃。

第3部分

制订专项训练计划

我们了解了哑铃训练的优点，熟悉了哑铃训练的方式后，就可以着手设计针对具体训练目标的阻力训练计划了。本书最后五章主要讲解训练计划，首先介绍肌肉和爆发力的生理性适应训练，然后是具体运动项目的训练计划。运动项目按照爆发力、速度和平衡划分为不同类型。因为无法涵盖所有的运动项目，这三种类型的训练计划就代表了具有相似特点的其他运动项目。例如爆发力训练章节包括田径中的投手训练计划、篮球运动员的训练计划和排球运动员的训练计划。虽然这些项目需求的运动能力有所不同，但都需要具备高水平的肌肉爆发力才能有良好的表现。

通过学习爆发力训练的要点和了解要点在样本训练计划中的应用，我们就可以为其他需要爆发力的运动项目制订训练计划，例如足球或撑杆跳高。那些需要速度或平衡能力的项目也可以如法炮制。先以运动项目的训练要点为基础来制订训练计划，然后实施训练计划，再根据训练结果修订训练计划。修订训练计划是一个永无止境地追求完美的过程。要基于当前的训练情况修订训练计划，而不是根据想要达到的目标。不要只盯着目标。如果根据希望得到的结果来制订训练计划。就很容易制订出脱离实际的训练计划，导致潜在的运动损伤和挫折感。

CHAPTER 8

增肌训练

人们练习举重，无论是出于健美的原因，还是为了提高运动能力，其目的往往都是增大肌肉体积。如果目的是增大肌肉体积，建议多学习健身房里举重健身者的经验，还要多了解一些关于增大肌肉的科学理论。现实生活经验和科学理论研究的结合，是解决问题的有效途径，为制订训练计划也提供了坚实的基础。

健美运动员是根据锻炼出的肌肉大小来评判水平高低的，如果考察他们的训练计划，我们会发现重复次数的重要性。大多数健美运动员训练的重复次数是8次到12次。当然，有的人会多一些，有的人会少一些，不过通常都在这个范围里。许多健美运动员会做多组训练，一般是4~6组。也就是说，4~6组动作，每组重复8~12次，每组间隔60~90秒。这个用来增大肌肉的训练经验已经沿用了许多年。

这个经验是有科学依据的。研究表明，通过对比运动前后的身体指标，短暂休息和高重复次数的结合能够有效提高睾丸酮、生长激素和胰岛素样生长激素的水平。这几种激素对增大肌肉都有着重要作用。

除了动作组数为4~6组，每组重复8~12次，中间休息60~90秒，为了使身体适应，还必须安排适当的训练强度。本书没有使用百分比机制，而是采用动作的重复次数来定义训练强度（如最大重复次数）。保持较高的训练量有利于增大肌肉体积，因此我们要在保证动作规范和完成规定次数的前提下，采用尽量大的训练负荷。因为在组间休息时可能需要稍减训练负荷，以确保完成每组的规定次数。

此外，建议在肌肉增大训练时要注重多关节训练（如深蹲），淡化单关节训练（如腿屈伸）。这样做有两个好处，它能够调动更多的肌肉群，也就能刺激更多的肌肉增大体积。深蹲能调动股四头肌、腘绳肌、臀大肌和下背部的肌肉。与此相反，腿屈伸仅能调动股四头肌。除此以外，调动的肌肉群越多，产生的激素反应也越大，肌肉增大的可能性也越高。

由于奥林匹克举是爆发式运动，通常重复次数少而休息时间长，强调运动速度和运动技巧，因此当训练目标是增大肌肉时，一般不会重视奥林匹克举。不过，对奥林匹克举加以组合变化后，就能调动更多的肌肉，产生更大的激素反应。例如哑铃高翻接深蹲，再接借力挺举。在这个例子中，举重者先做的是哑铃高翻，完成动作后，举重者把哑铃举在肩部，开始做前深蹲或平行深蹲，在深蹲的最高点，举重者暂停动作，转而做借力挺举。将这些运动结合起来做，可以有效增加调动的肌肉群，提高肌肉增大的效果。这仅仅是全身训练相互结合的一个例子。

如前所述，当训练目标是增大肌肉时，要做4~6组动作，每组重复8~12次，每组间隔60~90秒。选择的训练负荷要恰好满足或略低于最大重复次数，训练重心应放在多关节训练上。

训练计划样本

下面将介绍一些训练计划样本。第一个训练计划仅是为了增大肌肉体积，因此训练参数都按照训练目标进行了调整。第二个训练计划的主要目标是增大肌肉体积，次要目标是提高力量，它包含两套训练参数。其中一套是针对肌肉增大，另一套则是针对提高力量。

肌肉增大周期

周一

长度 5周

目标 增大肌肉体积。

强度 完成每组训练的规定次数。

节奏 全身训练要动作快，有爆发力。其他训练动作要快，3秒放下。

休息 全身训练每组之间休息1分30秒，其他训练每组之间休息1分钟。

组数和次数

周数	肌肉增大周期
1	全身训练 = 4×6 核心训练 = 4×8 辅助训练 = 3×10
2	全身训练 = 4×4 核心训练 = 4×10 辅助训练 = 3×10
3	全身训练 = 4×6 核心训练 = 4×8 辅助训练 = 3×10
4	全身训练 = 4×5 核心训练 = 4×12 辅助训练 = 3×10
5	全身训练 = 4×3 核心训练 = 4×6 辅助训练 = 3×10

	第1周	第2周	第3周	第4周	第5周
全身训练					
借力挺举：全身训练	4×6	4×4	4×6	4×4	4×6
训练负荷					
下肢训练					
前深蹲：核心训练	4×8	4×10	4×8	4×12	4×6
训练负荷					
直腿硬拉：核心训练	4×8	4×10	4×8	4×12	4×6
训练负荷					
躯干训练					
卷腹	3×20	3×20	3×20	3×20	3×20
训练负荷					
背部伸展	3×12	3×12	3×12	3×12	3×12
训练负荷					
上背部训练					
划船：核心训练	4×8	4×10	4×8	4×10	4×6
训练负荷					
俯身侧平举：辅助训练	3×10	3×10	3×10	3×10	3×10
训练负荷					

注：表中术语如下。全身训练，指奥林匹克风格的训练，或是相关的训练；核心训练，指多关节训练，如深蹲；限时训练，指运动员要在指定时间内完成规定次数；辅助训练，指单关节训练，如胸前弯举；直腿硬拉；交替，指双腿或双臂交替训练。

（接下页）

肌肉增大周期（接上页）

周三

长度 5周

目标 增大肌肉体积。

强度 完成每组训练的规定次数。

节奏 全身训练要动作快，有爆发力。其他训练动作要快，3秒放下。

休息 全身训练每组之间休息1分30秒，其他训练每组之间休息1分钟。

组数和次数

周数	肌肉增大周期
1	全身训练 = 4 × 6 核心训练 = 4 × 8 辅助训练 = 3 × 10
2	全身训练 = 4 × 4 核心训练 = 4 × 10 辅助训练 = 3 × 10
3	全身训练 = 4 × 6 核心训练 = 4 × 8 辅助训练 = 3 × 10
4	全身训练 = 4 × 5 核心训练 = 4 × 12 辅助训练 = 3 × 10
5	全身训练 = 4 × 3 核心训练 = 4 × 6 辅助训练 = 3 × 10

	第1周	第2周	第3周	第4周	第5周
全身训练					
悬垂翻：全身训练	4 × 6	4 × 4	4 × 6	4 × 4	4 × 6
训练负荷					
下肢训练					
深蹲：核心训练	4 × 8	4 × 10	4 × 8	4 × 12	4 × 6
训练负荷					
侧深蹲：核心训练	4 × 8	4 × 10	4 × 8	4 × 12	4 × 6
训练负荷					
躯干训练					
扭转卷腹	3 × 20	3 × 20	3 × 20	3 × 20	3 × 20
训练负荷					
交替触足卷体	3 × 20	3 × 20	3 × 20	3 × 20	3 × 20
训练负荷					
上肢训练					
卧推：核心训练	4 × 8	4 × 10	4 × 8	4 × 12	4 × 6
训练负荷					
哑铃飞鸟：辅助训练	3 × 10	3 × 10	3 × 10	3 × 10	3 × 10
训练负荷					

周五

长度 5周

目标 增大肌肉体积。

强度 完成每组训练的规定次数。

节奏 全身训练要动作快，有爆发力。其他训练动作要快，3秒放下。

休息 全身训练每组之间休息1分30秒，其他训练每组之间休息1分钟。

组数和次数

周数	肌肉增大周期
1	全身训练 = 4×6 核心训练 = 4×8 辅助训练 = 3×10
2	全身训练 = 4×4 核心训练 = 4×10 辅助训练 = 3×10
3	全身训练 = 4×6 核心训练 = 4×8 辅助训练 = 3×10
4	全身训练 = 4×5 核心训练 = 4×12 辅助训练 = 3×10
5	全身训练 = 4×3 核心训练 = 4×6 辅助训练 = 3×10

	第1周	第2周	第3周	第4周	第5周
全身训练					
抓举：全身训练	4×6	4×4	4×6	4×5	4×3
训练负荷					
躯干训练					
V形举腿	3×20	3×20	3×20	3×20	3×20
训练负荷					
扭转背部伸展	3×12	3×12	3×12	3×12	3×12
训练负荷					
胸部训练					
上斜卧推：核心训练	4×8	4×10	4×8	4×12	4×6
训练负荷					
上斜哑铃飞鸟：辅助训练	3×10	3×10	3×10	3×10	3×10
训练负荷					
肩袖训练					
肩部推举：核心训练	4×8	4×10	4×8	4×12	4×6
训练负荷					
侧平举：辅助训练	3×10	3×10	3×10	3×10	3×10
训练负荷					

肌肉增大和力量提高周期
周一（肌肉增大）

长度 5周

目标 增大肌肉体积，提高力量水平。

强度 肌肉增大训练：完成每组训练的规定次数。力量提高训练：仅完成第1组训练的规定次数。

节奏 全身训练要动作快，有爆发力。肌肉增大训练：上举动作要快，3秒放下。力量提高训练：2秒放下。

组数和次数

周数	肌肉增大训练	力量提高训练
1	全身训练＝4×6 核心训练＝4×8 辅助训练＝3×10	全身训练＝4×3 核心训练＝4×5 辅助训练＝3×8
2	全身训练＝4×4 核心训练＝4×10 辅助训练＝3×10	全身训练＝4×5 核心训练＝4×7 辅助训练＝3×8
3	全身训练＝4×6 核心训练＝4×8 辅助训练＝3×10	全身训练＝4×3 核心训练＝4×4 辅助训练＝3×8
4	全身训练＝4×5 核心训练＝4×12 辅助训练＝3×10	全身训练＝4×5 核心训练＝4×6 辅助训练＝3×8
5	全身训练＝4×3 核心训练＝4×6 辅助训练＝3×10	全身训练＝4×2 核心训练＝4×4 辅助训练＝3×8

休息 肌肉增大训练：全身训练每组之间休息1分30秒，其他训练每组之间休息1分钟。力量提高训练：每组训练之间休息2分钟。

	第1周	第2周	第3周	第4周	第5周
全身训练					
悬垂翻：全身训练	4×6	4×4	4×6	4×4	4×6
训练负荷					
下肢训练					
深蹲：核心训练	4×8	4×10	4×8	4×10	4×8
训练负荷					
直腿硬拉：核心训练	4×8	4×10	4×8	4×10	4×8
训练负荷					
躯干训练					
交替V形举腿	3×20	3×30	3×20	3×20	3×20
训练负荷					
背部伸展	3×12	3×12	3×12	3×12	3×12
训练负荷					
上背部训练					
划船	4×8	4×10	4×8	4×10	4×8
训练负荷					
俯身侧平举：辅助训练	3×10	3×10	3×10	3×10	3×10
训练负荷					

周三（力量提高）

长度 5周

目标 增大肌肉体积，提高力量水平。

强度 肌肉增大训练：完成每组训练的规定次数。力量提高训练：仅完成第1组训练的规定次数。

节奏 全身训练要动作快，有爆发力。肌肉增大训练：上举动作要快，3秒放下。力量提高训练：2秒放下。

休息 肌肉增大训练：全身训练每组之间休息1分30秒，其他训练每组之间休息1分钟。力量提高训练：每组训练之间休息2分钟。

组数和次数

周数	肌肉增大	力量提高
1	全身训练＝4×6 核心训练＝4×8	全身训练＝4×3 核心训练＝4×5
2	全身训练＝4×4 核心训练＝4×10	全身训练＝4×5 核心训练＝4×7
3	全身训练＝4×6 核心训练＝4×8	全身训练＝4×3 核心训练＝4×4
4	全身训练＝4×5 核心训练＝4×12	全身训练＝4×5 核心训练＝4×6
5	全身训练＝4×3 核心训练＝4×6	全身训练＝4×2 核心训练＝4×4

	第1周	第2周	第3周	第4周	第5周
全身训练					
借力推举：全身训练	4×3	4×5	4×3	4×5	4×3
训练负荷					
下肢训练					
深蹲：核心训练	4×5	4×7	4×5	4×7	4×5
训练负荷					
侧深蹲：核心训练	4×5	4×7	4×5	4×7	4×5
训练负荷					
躯干训练					
卷腹	3×15	3×15	3×15	3×15	3×15
训练负荷					
扭转背部伸展	3×10	3×10	3×10	3×10	3×10
训练负荷					
上肢训练					
上斜卧推：核心训练	4×5	4×7	4×5	4×7	4×5
训练负荷					
肩部推举：核心训练	4×5	4×7	4×5	4×7	4×5
训练负荷					

（接下页）

肌肉增大和力量提高周期（接上页）

周五（肌肉增大）

长度 5周

目标 增大肌肉体积，提高力量水平。

强度 肌肉增大训练：完成每组训练的规定次数。力量提高训练：仅完成第1组训练的规定次数。

节奏 全身训练要动作快，有爆发力。肌肉增大训练：上举动作要快，3秒放下。力量提高训练：2秒放下。

休息 肌肉增大训练：全身训练每组之间休息1分30秒，其他训练每组之间休息1分钟。力量提高训练：每组训练之间休息2分钟。

组数和次数

周数	肌肉增大	力量提高
1	全身训练 = 4×6 核心训练 = 4×8	全身训练 = 4×3 核心训练 = 4×5
2	全身训练 = 4×4 核心训练 = 4×10	全身训练 = 4×5 核心训练 = 4×7
3	全身训练 = 4×6 核心训练 = 4×8	全身训练 = 4×3 核心训练 = 4×4
4	全身训练 = 4×5 核心训练 = 4×12	全身训练 = 4×3 核心训练 = 4×6
5	全身训练 = 4×3 核心训练 = 4×6	全身训练 = 4×2 核心训练 = 4×4

	第1周	第2周	第3周	第4周	第5周
全身训练					
抓举：全身训练	4×6	4×4	4×6	4×4	4×6
训练负荷					
上肢训练					
卧推：核心训练	4×8	4×10	4×8	4×10	4×8
训练负荷					
哑铃飞鸟：核心训练	4×8	4×10	4×8	4×10	4×8
训练负荷					
躯干训练					
触足卷体	3×20	3×30	3×20	3×20	3×20
训练负荷					
扭转卷腹	3×20	3×30	3×20	3×20	3×20
训练负荷					
上背部训练					
划船	4×8	4×10	4×8	4×10	4×8
训练负荷					
立正划船：核心训练	4×8	4×10	4×8	4×10	4×8
训练负荷					

爆发力增强训练

在介绍爆发力增强训练之前，我们先给爆发力下一个定义。爆发力可以通过两种方式来衡量：以时间为单位做的功，或是力与速度的乘积，其单位为瓦特。对大多数运动项目和运动员而言，爆发力水平是良好表现的核心因素。篮球运动员高高跃起在篮圈上扣篮，短跑运动员在起跑架上弹射而出，防守线锋积极防守擒杀四分卫，这些都是在比赛中短时间内强大爆发力的表现。需要爆发力的动作也不仅局限于体育运动。例如滑倒后恢复平衡，也要求作出迅速的反应。上了年纪的人更容易摔倒，是因为他们在滑倒或绊倒时缺乏恢复平衡的爆发力。

爆发力训练应基于运动或活动的具体需求。例如排球运动员和摔跤运动员都要有爆发力，但这两种运动的体力需求是不同的。排球运动员在比赛中需要对抗的阻力只是自身和排球的质量。相反，由于摔跤是一个有肢体接触的运动，摔跤运动员则不仅要对抗自身的质量，还要对抗对手的身体质量和对手施加的力。因此排球运动员要重点做高速度轻负荷的训练，为比赛打好基础。摔跤运动员则强调爆发力和高频率的训练，以适应运动项目的要求。

在开始制订训练计划前，我们先要评价运动项目的需求。上面提到的两个例子，排球和摔跤，正是两种截然不同的运动项目，排球要求较低的爆发力和较高的速度，摔跤要求较高的爆发力和较低的速度。在同一类运动项目里，不同的级别也会导致情况的复杂化。轻量级摔跤运动员要重视高速率的训练，而不是高负荷训练。重量级摔跤运动员则强调爆发力训练，而不是低负荷训练。因此，不仅运动项目间存在区别，在同一类运动项目里也各有差异。

爆发力训练应每组重复6次，每组之间休息2~3分钟或更久时间。增大肌肉训练的动作重复次数少，休息时间长，这两种训练的区别是负荷不同。以排球运动员和摔跤运动员为例，排球运动员的训练负荷是最大重复质量的30%~60%，强调动作速度，重量级摔跤运动员的训练负荷是最大重复质量的100%，不但动作要尽量快，还要强调爆发力。在选择训练项目时，健身者应尽量模仿比赛运动中的动作。也就是说，健身者要在直立姿势下利用杠铃或哑铃进行多关节训练。

爆发力训练的另一个方法是限时训练。在限时训练中，运动员必须在规定时间里完成要求的重复次数，强调举起负荷的速度，而不是负荷的质量。在进行限时训练时，选择的训练负荷应是能完成所要求重复次数，且动作规范的最大质量。当计时结束时，健身者要停止训练，无论是否已经做满规定重复次数。如果健身者能完成更多的重复次数，则要增加训练负荷。如果健身者未能完成规定的重复次数，则要加快动作速度。假如加快了运动速度，却还没有完成规定的重复次数，就要考虑适当减少负荷。在考察包括限时训练的训练计划时，我们会看到这样的文字表述：限时训练=3×5，9秒（1.8）。限时训练说明此训练是有时间限制的，健身者要做3组动作，每组重复5次。在做每组动作时，健身者要在9秒内完成5次重复。括号里的1.8表明每次重复用时1.8秒，5次重复总共用时9秒（也就是5×1.8=9）。

训练计划样本

明确了爆发力训练的内容，下面会介绍一些利用哑铃增强爆发力的训练计划样本。第一个训练计划仅强调爆发力，训练变量经过调整，主要增强肌肉爆发力。第二个训练计划主要强调爆发力，其次强调增强肌肉耐力。在第二个训练计划里有两组训练变量，分别针对肌肉的爆发力和肌肉的耐力。

爆发力训练周期

周一

长度 5周

目标 增强肌肉爆发力。

强度 全身训练仅第1组动作要求完成规定次数。限时训练要在规定时间内完成规定重复次数。

节奏 全身训练要动作快，有爆发力。所有训练都要动作迅速，在规定时间内完成规定重复次数。

休息 全身训练每组之间休息2分30秒，其他训练每组之间休息2分钟。

组数和次数

周数	爆发力训练
1	全身训练＝4×2 限时训练＝3×5，9秒
2	全身训练＝4×3 限时训练＝3×3，5秒
3	全身训练＝4×2 限时训练＝3×5，9秒
4	全身训练＝4×3 限时训练＝3×3，5秒
5	全身训练＝4×2 限时训练＝3×5，9秒

	第1周	第2周	第3周	第4周	第5周
超等长训练					
跳箱	3×6	3×6	3×6	3×6	3×6
完成的重复次数					
全身训练					
借力挺举：全身训练	4×2	4×3	4×2	4×3	4×2
训练负荷					
下肢训练					
深蹲：限时训练	3×5，9秒	3×3，5秒	3×5，9秒	3×3，5秒	3×5，9秒
训练负荷					
侧弓箭步：限时训练	3×5，9秒	3×3，5秒	3×5，9秒	3×3，5秒	3×5，9秒
训练负荷					
躯干训练					
下斜哑铃卧推	3×12	3×12	3×12	3×12	3×12
训练负荷					
直腿硬拉：限时训练	3×5，9秒	3×3，5秒	3×5，9秒	3×3，5秒	3×5，9秒
训练负荷					
上背部训练					
划船：限时训练	3×5，9秒	3×3，5秒	3×5，9秒	3×3，5秒	3×5，9秒
训练负荷					

注：表中术语如下。全身训练，指奥林匹克风格的训练，或是相关的训练；核心训练，指多关节训练，如深蹲；限时训练，指运动员要在指定时间内完成规定次数；辅助训练，指单关节训练，如胸前弯举；质量训练，指利用器械增加训练强度；实心球，指利用实心球进行训练（实心球适合蓄力投掷，因此常用在提高爆发力的训练中）；罗马尼亚硬拉，直腿硬拉；交替，指双腿或双臂交替训练。

周三

长度 5周

目标 增强肌肉爆发力。

强度 全身训练仅第1组动作要求完成规定次数。限时训练要在规定时间内完成规定重复次数。

节奏 全身训练要动作快，有爆发力。所有训练都要动作迅速，在规定时间内完成规定重复次数。

休息 全身训练每组之间休息2分30秒，其他训练每组之间休息2分钟。

组数和次数

周数	爆发力训练
1	全身训练＝4×2 限时训练＝3×5, 9秒
2	全身训练＝4×3 限时训练＝3×3, 5秒
3	全身训练＝4×2 限时训练＝3×5, 9秒
4	全身训练＝4×3 限时训练＝3×3, 5秒
5	全身训练＝4×2 限时训练＝3×5, 9秒

	第1周	第2周	第3周	第4周	第5周
超等长训练					
实心球仰卧胸前传球	3×6	3×6	3×6	3×6	3×6
完成的重复次数					
全身训练					
悬垂翻：全身训练	4×2	4×3	4×2	4×3	4×2
训练负荷					
上肢训练					
卧推：限时训练	3×5, 9秒	3×3, 5秒	3×5, 9秒	3×3, 5秒	3×5, 9秒
训练负荷					
躯干训练					
交替V形举腿	3×12	3×12	3×12	3×12	3×12
训练负荷					
肩部训练					
肩部推举：限时训练	3×5, 9秒	3×3, 5秒	3×5, 9秒	3×3, 5秒	3×5, 9秒
训练负荷					
立正划船：限时训练	3×5, 9秒	3×3, 5秒	3×5, 9秒	3×3, 5秒	3×5, 9秒
训练负荷					

（接下页）

周五

长度 5周

目标 增强肌肉爆发力。

强度 全身训练仅第1组动作要求完成规定次数。限时训练要在规定时间内完成规定重复次数。

节奏 全身训练要动作快,有爆发力。所有训练都要动作迅速,在规定时间内完成规定重复次数。

休息 全身训练每组之间休息2分30秒,其他训练每组之间休息2分钟。

组数和次数

周数	爆发力训练
1	全身训练 = 4×2 限时训练 = 3×5,9秒
2	全身训练 = 4×3 限时训练 = 3×3,5秒
3	全身训练 = 4×2 限时训练 = 3×5,9秒
4	全身训练 = 4×3 限时训练 = 3×3,5秒
5	全身训练 = 4×2 限时训练 = 3×5,9秒

	第1周	第2周	第3周	第4周	第5周
超等长训练					
侧跳箱	3×6	3×6	3×6	3×6	3×6
完成的重复次数					
全身训练					
抓举:全身训练	4×2	4×3	4×2	4×3	4×2
训练负荷					
下肢训练					
单腿深蹲:限时训练	3×5,9秒	3×3,5秒	3×5,9秒	3×3,5秒	3×5,9秒
训练负荷					
侧深蹲:限时训练	3×5,9秒	3×3,5秒	3×5,9秒	3×3,5秒	3×5,9秒
训练负荷					
躯干训练					
触足卷体	3×25	3×25	3×25	3×25	3×25
训练负荷					
上肢训练					
上斜卧推:限时训练	3×5,9秒	3×3,5秒	3×5,9秒	3×3,5秒	3×5,9秒
训练负荷					

爆发力和耐力训练周期

周一

长度 5周

目标 增强肌肉耐力和爆发力。

强度 爆发力训练：仅第1组动作要求完成规定次数。耐力训练：在规定时间内完成规定重复次数。

节奏 爆发力训练：全身训练要动作快，有爆发力。其他训练在规定时间内完成规定重复次数即可。耐力训练：全身训练要动作快，有爆发力。其他训练要尽快举起，3秒放下。

休息 爆发力训练：每组之间休息2分45秒。耐力训练：全身训练每组之间休息1分30秒，其他训练每组之间休息1分15秒。

组数和次数

周数	爆发力训练	耐力训练
1	全身训练 = 4×2 限时训练 = 4×3，4秒	全身训练 = 4×6 核心训练 = 4×10
2	全身训练 = 4×3 限时训练 = 4×5，6秒	全身训练 = 4×4 核心训练 = 4×8
3	全身训练 = 4×2 限时训练 = 4×3，4秒	全身训练 = 4×6 核心训练 = 4×10
4	全身训练 = 4×3 限时训练 = 4×5，6秒	全身训练 = 4×4 核心训练 = 4×8
5	全身训练 = 4×2 限时训练 = 4×3，4秒	全身训练 = 4×6 核心训练 = 4×10

耐力训练：完成每组的全部重复次数。

	第1周	第2周	第3周	第4周	第5周
全身训练					
交替借力挺举：全身训练	4×6	4×4	4×6	4×4	4×6
训练负荷					
下肢训练					
单腿深蹲：核心训练	4×10	4×8	4×10	4×8	4×10
训练负荷					
侧弓箭步：核心训练	4×10	4×8	4×10	4×8	4×10
训练负荷					
躯干训练					
扭转卷腹	3×10	3×10	3×10	3×10	3×10
训练负荷					
扭转背部伸展	3×10	3×10	3×10	3×10	3×10
训练负荷					
上背部训练					
划船：核心训练	4×10	4×8	4×10	4×8	4×10
训练负荷					

（接下页）

爆发力和耐力训练周期（接上页）
周三

长度 4.5周

目标 增强肌肉耐力和爆发力。

强度 爆发力训练：仅第1组动作要求完成规定次数。耐力训练：在规定时间内完成规定重复次数。

节奏 爆发力训练：全身训练要动作快，有爆发力。其他训练在规定时间内完成规定重复次数即可。耐力训练：全身训练要动作快，有爆发力。其他训练要尽快举起，3秒放下。

休息 爆发力训练：每组之间休息2分45秒。耐力训练：全身训练每组之间休息1分30秒，其他训练每组之间休息1分15秒。

组数和次数

周数	爆发力训练	耐力训练
1	全身训练＝4×2 限时训练＝4×3，4秒	全身训练＝4×6 核心训练＝4×10
2	全身训练＝4×3 限时训练＝4×5，6秒	全身训练＝4×4 核心训练＝4×8
3	全身训练＝4×2 限时训练＝4×3，4秒	全身训练＝4×6 核心训练＝4×10
4	全身训练＝4×3 限时训练＝4×5，6秒	全身训练＝4×4 核心训练＝4×8
5	全身训练＝4×2 限时训练＝4×3，4秒	全身训练＝4×6 核心训练＝4×10

爆发力训练：仅完成第1组的全部重复次数。

	第1周	第2周	第3周	第4周	第5周
全身训练					
下蹲翻：全身训练	4×2	4×3	4×2	4×3	4×2
训练负荷					
深跳和跳箱	3×5	3×5	3×5	3×5	3×5
完成的重复次数					
下肢训练					
前深蹲：限时训练	4×3，4秒	4×5，6秒	4×3，4秒	4×5，6秒	4×3，4秒
训练负荷					
直腿硬拉：限时训练	4×3，4秒	4×5，6秒	4×3，4秒	4×5，6秒	4×3，4秒
训练负荷					
躯干训练					
坐姿扭转	3×10	3×10	3×10	3×10	3×10
训练负荷					
胸部训练					
上斜卧推：限时训练	4×3，4秒	4×5，6秒	4×3，4秒	4×5，6秒	4×3，4秒
训练负荷					
复合训练：实心球仰卧胸前传球	3×6	3×6	3×6	3×6	3×6
完成的重复次数					

周五

长度 4.5周

目标 增强肌肉耐力和爆发力。

强度 爆发力训练：仅第1组动作要求完成规定次数。耐力训练：在规定时间内完成规定重复次数。

节奏 爆发力训练：全身训练要动作快，有爆发力。其他训练，在规定时间内完成规定重复次数。耐力训练：全身训练要动作快，有爆发力。其他训练要尽快举起，3秒放下。

休息 爆发力训练：每组之间休息2分45秒。耐力训练：全身训练每组之间休息1分30秒，其他训练每组之间休息1分15秒。

组数和次数

周数	爆发力训练	耐力训练
1	全身训练 = 4×2 限时训练 = 4×3, 4秒	全身训练 = 4×6 核心训练 = 4×10
2	全身训练 = 4×3 限时训练 = 4×5, 6秒	全身训练 = 4×4 核心训练 = 4×8
3	全身训练 = 4×2 限时训练 = 4×3, 4秒	全身训练 = 4×6 核心训练 = 4×10
4	全身训练 = 4×3 限时训练 = 4×5, 6秒	全身训练 = 4×4 核心训练 = 4×8
5	全身训练 = 4×2 限时训练 = 4×3, 4秒	全身训练 = 4×6 核心训练 = 4×10

爆发力训练：仅完成第1组的全部重复次数。

	第1周	第2周	第3周	第4周	第5周
全身训练					
交替高翻：全身训练	4×2	4×3	4×2	4×3	4×2
训练负荷					
复合训练：侧深跳和侧跳箱	3×5	3×5	3×5	3×5	3×5
完成的重复次数					
胸部训练					
交替卧推：限时训练	4×3, 4秒	4×5, 6秒	4×3, 4秒	4×5, 6秒	4×3, 4秒
训练负荷					
交替上斜卧推：限时训练	4×3, 4秒	4×5, 6秒	4×3, 4秒	4×5, 6秒	4×3, 4秒
训练负荷					
躯干训练					
交替触足卷体	3×10	3×10	3×10	3×10	3×10
训练负荷					
背部伸展	3×10	3×10	3×10	3×10	3×10
训练负荷					
肩部训练					
交替肩部推举：限时训练	4×3, 4秒	4×5, 6秒	4×3, 4秒	4×5, 6秒	4×3, 4秒
训练负荷					

CHAPTER 10

针对力量型运动的训练

在前面的章节里，我们将爆发力定义为以时间为单位做的功，或是力与速度的乘积，讲解了如何调整训练变量（如休息时间、动作组数和重复次数）来满足爆发力训练的要求。爆发力训练对提高运动员的竞赛表现有着重要意义。

本章主要介绍针对运动项目的爆发力训练，如田径里的投掷项目、篮球运动、排球运动和垒球运动。虽然这些运动各有差异，但爆发力都是提高其比赛成绩的关键因素。爆发力和力量呈正比关系，因此强大的肌肉力量对比赛成绩也有影响，所以运动员要调整好训练变量，同时增强爆发力和力量。

在第9章中，爆发力训练通常是每组重复1~6次，休息2~3分钟。针对具体的运动项目，这些训练参数还要进一步微调，以符合耐力训练的要求。篮球运动和排球运动比田径运动和垒球运动需要更强的耐力，训练计划必须符合运动项目的要求。投掷运动员和垒球运动员（包括投手，其耐力要求比场上运动员更高）的全身训练每组只需重复1~4次，训练负荷相对较高。篮球和排球运动员则每组重复4~8次，强调肌肉耐力。同样地，投掷运动员和垒球运动员每组之间休息2分30秒到3分钟，篮球运动员和排球运动员每组之间休息1分30秒到2分钟。

训练计划的另一个变量是训练负荷。训练负荷应是最大重复质量的70%~100%，根据运动需求上下浮动。较高的训练负荷可以同时增强爆发力和力量，较低的训练负荷（70%~90%）适用于篮球运动员，排球和垒球运动员的训练负荷要更低一些（60%~75%）。篮球运动员的训练负荷比排球和垒球运动员更高，因为篮球是有肢体接触的运动。

在第9章中，我们引入了限时训练，要求在规定时间完成规定重复次数。训练强调运动员的动作速度，而不是训练负荷。通过调整完成每个动作所需的时间，可以在提高爆发力的同时有效增强肌肉力量。例如一个训练计划包括4组动作，每组动作重复5次，每组限时8秒完成，运动员有1.6秒的时间完成每个动作。如果要强调爆发力，可以提高训练负荷，同时延长完成动作的时间。例如同样的训练计划，包括4组动作，每组动作重复5次，但每组限时延长到13秒，运动员有2.6秒的时间完成每个动作，因此可以适当增加训练负荷。

训练计划样本

因为爆发性运动项目也需要较高水平的力量，本章介绍一些能够同时提高力量和爆发力的哑铃训练计划。第一个训练计划样本是针对爆发力和力量的，适用于田径项目的投掷运动员，只需要较低的耐力，因为比赛中两次投掷间的休息时间很长。训练变量根据爆发力和力量的训练目标有所调整。第二个训练计划样本的主要目标是提高爆发力和力量，次要目标是增强肌肉耐力，适用于篮球运动员。第三个训练计划样本针对爆发力、力量和耐力，适用于排球运动员。虽然篮球和排球运动都强调爆发力和力量，但耐力也是不可或缺的。

针对投掷运动员的爆发力和力量训练周期

周一

长度 5周

目标 增强爆发力和力量。

强度 全身训练仅第1组动作要求完成规定次数。限时训练要在规定时间内完成规定重复次数。

节奏 全身训练要动作快，有爆发力。其他训练要在规定时间内完成规定重复次数。

休息 每组之间休息2分30秒。

组数和次数

周数	爆发力和力量训练
1	全身训练＝6×2-2-2-1-1-1 核心训练＝4×4，8秒
2	全身训练＝5×3 核心训练＝4×5，9秒
3	全身训练＝6×2-2-2-1-1-1 核心训练＝4×4，8秒
4	全身训练＝5×3 核心训练＝4×5，9秒
5	全身训练＝6×2-2-2-1-1-1 核心训练＝4×4，8秒

	第1周	第2周	第3周	第4周	第5周
全身训练					
抓举：全身训练	6×2-2-2-1-1-1	5×3	6×2-2-2-1-1-1	5×3	6×2-2-2-1-1-1
训练负荷					
分腿交替抓举：全身训练	6×2，90%	5×3，80%	6×2，90%	5×3，80%	6×2，90%
训练负荷					
复合训练：跳箱跳	3×4	3×4	3×4	3×4	3×4
完成的重复次数					
下肢训练					
前深蹲：限时训练	4×4，8秒	4×5，9秒	4×4，8秒	4×5，9秒	4×4，8秒
训练负荷					
侧弓箭步：限时训练	4×4，8秒	4×5，9秒	4×4，8秒	4×5，9秒	4×4，8秒
训练负荷					
完成的重复次数					
躯干训练					
触足卷体	3×10	3×10	3×10	3×10	3×10
训练负荷					
背部伸展	3×8	3×8	3×8	3×8	3×8
训练负荷					

注：表中术语如下。全身训练，指奥林匹克风格的训练，或是相关的训练；核心训练，指多关节训练，如深蹲；限时训练，指运动员要在指定时间内完成规定次数；质量训练，指利用器械增加训练强度；实心球，指利用实心球进行训练（实心球适合蓄力投掷，因此常用在提高爆发力的训练中）。

（接下页）

针对投掷运动员的爆发力和力量训练周期（接上页）
周三

<u>长度</u>　5周

<u>目标</u>　增强爆发力和力量。

<u>强度</u>　全身训练仅第1组动作要求完成规定次数。限时训练要在规定时间内完成规定重复次数。

<u>节奏</u>　全身训练要动作快，有爆发力。其他训练要在规定时间内完成规定重复次数。

<u>休息</u>　每组之间休息2分30秒。

组数和次数

周数	爆发力和力量训练
1	全身训练 = 6×2, 90% 限时训练 = 4×4, 8秒
2	全身训练 = 5×3, 80% 限时训练 = 4×5, 9秒
3	全身训练 = 6×2, 90% 限时训练 = 4×4, 8秒
4	全身训练 = 5×3, 80% 限时训练 = 4×5, 9秒
5	全身训练 = 6×2, 90% 限时训练 = 4×4, 8秒

	第1周	第2周	第3周	第4周	第5周
全身训练					
交替借力挺举：全身训练	3×2, 75%	3×3, 70%	3×2, 75%	3×3, 70%	3×2, 75%
训练负荷（胫部）					
分腿挺举：全身训练	6×2, 90%	5×3, 80%	6×2, 90%	5×3, 80%	6×2, 90%
训练负荷					
下肢训练					
深蹲跳：限时训练	4×4, 8秒	4×5, 9秒	4×4, 8秒	4×5, 9秒	4×4, 8秒
训练负荷					
单腿深蹲：限时训练	4×4, 8秒	4×5, 9秒	4×4, 8秒	4×5, 9秒	4×4, 8秒
训练负荷（每条腿）					
直腿硬拉：限时训练	4×4, 8秒	4×5, 9秒	4×4, 8秒	4×5, 9秒	4×4, 8秒
训练负荷					
躯干训练					
扭转卷腹	3×10	3×10	3×10	3×10	3×10
训练负荷					
V形举腿	3×10	3×10	3×10	3×10	3×10
训练负荷					
胸部训练					
交替卧推：核心训练	4×4, 8秒	4×5, 9秒	4×4, 8秒	4×5, 9秒	4×4, 8秒
训练负荷（总计）					

周五

长度 5周

目标 增强爆发力和力量。

强度 全身训练仅第1组动作要求完成规定次数。限时训练要在规定时间内完成规定重复次数。

节奏 全身训练要动作快，有爆发力。其他训练都要在规定时间内完成规定重复次数。

休息 每组之间休息2分30秒。

组数和次数

周数	爆发力和力量训练
1	全身训练＝6×2，90% 限时训练＝4×4，8秒
2	全身训练＝5×3，80% 限时训练＝4×5，9秒
3	全身训练＝6×2，90% 限时训练＝4×4，8秒
4	全身训练＝5×3，80% 限时训练＝4×5，9秒
5	全身训练＝6×2，90% 限时训练＝4×4，8秒

	第1周	第2周	第3周	第4周	第5周
全身训练					
悬垂翻：全身训练	3×2，75%	3×3，70%	3×2，75%	3×3，70%	3×2，75%
训练负荷					
下蹲翻：全身训练	6×2，90%	5×3，80%	6×2，90%	5×3，80%	6×2，90%
训练负荷					
复合训练：侧跳箱	3×4	3×4	3×4	3×4	3×4
完成的重复次数					
胸部训练					
上斜卧推：限时训练	4×4，8秒	4×5，9秒	4×4，8秒	4×5，9秒	4×4，8秒
训练负荷					
复合训练：实心球仰卧胸前传球	3×6	3×6	3×6	3×6	3×8
完成的重复次数					
躯干训练					
V形举腿	3×8	3×8	3×8	3×8	3×10
训练负荷					
上背部训练					
划船：限时训练	4×4，8秒	4×5，9秒	4×4，8秒	4×5，9秒	4×4，8秒
训练负荷					

从下页开始，训练计划将有两个训练目标，主要目标是提高爆发力和力量，次要目标是增强肌肉耐力。

针对篮球运动员的爆发力和力量训练周期
周一

长度 5周

目标 增强爆发力和力量。

强度 全身训练仅第1组动作要求完成规定次数。限时训练要在规定时间内完成规定重复次数。

节奏 全身训练要动作快，有爆发力。其他训练都要在规定时间内完成规定重复次数。

休息 全身训练每组之间休息2分钟，其他训练每组之间休息1分30秒。

组数和次数

周数	爆发力和力量
1	全身训练 = 5×3, 85% 限时训练 = 4×8, 12秒
2	全身训练 = 5×5, 80% 限时训练 = 4×6, 10秒
3	全身训练 = 5×3, 85% 限时训练 = 4×8, 12秒
4	全身训练 = 5×5, 80% 限时训练 = 4×6, 10秒
5	全身训练 = 5×3, 85% 限时训练 = 4×8, 12秒

	第1周	第2周	第3周	第4周	第5周
全身训练					
抓举：全身训练	3×3, 75%	3×5, 70%	3×3, 75%	3×5, 70%	3×3, 75%
训练负荷					
分腿抓举：全身训练	5×3, 85%	5×5, 80%	5×3, 85%	5×5, 80%	5×3, 85%
训练负荷					
复合训练：跳箱跳	3×4	3×4	3×4	3×4	3×4
完成的重复次数					
下肢训练					
前深蹲：限时训练	4×8, 12秒	4×6, 10秒	4×8, 12秒	4×6, 10秒	4×8,12秒, 4×3, 5秒
训练负荷					
侧弓箭步：限时训练	4×8, 12秒	4×6, 10秒	4×8, 12秒	4×6, 10秒	4×8,12秒, 4×3, 5秒
训练负荷					
躯干训练					
触足卷体	3×15	3×15	3×15	3×15	3×15
训练负荷					
背部伸展	3×12	3×12	3×12	3×12	3×12
训练负荷					

周三（耐力训练）

长度　5周

目标　增强肌肉耐力。

强度　完成每组的全部重复次数。

节奏　全身训练要动作快，有爆发力。其他训练要动作迅速，2秒放下。

休息　全身训练每组之间休息1分30秒，其他训练每组之间休息1分钟。

组数和次数

周数	耐力训练
1	全身训练＝5×6，70% 限时训练＝4×10，20秒
2	全身训练＝5×4，75% 限时训练＝4×8，13秒
3	全身训练＝5×6，70% 限时训练＝4×10，20秒
4	全身训练＝5×4，75% 限时训练＝4×8，13秒
5	全身训练＝5×6，70% 限时训练＝4×10，20秒 （2组）

耐力训练：完成每组的全部重复次数。

	第1周	第2周	第3周	第4周	第5周
全身训练					
交替抓举：全身训练	3×6，70%	3×4，75%	3×6，70%	3×4，75%	3×6，70%
训练负荷					
分腿抓举：全身训练	5×6，77%	5×4，82%	5×6，77%	5×4，82%	5×6，77%
训练负荷					
下肢训练					
深蹲跳：限时训练	4×10，20秒	4×8，13秒	4×10，20秒	4×8，13秒	4×10，20秒
训练负荷					
单腿深蹲：限时训练	4×10，20秒	4×8，13秒	4×10，20秒	4×8，13秒	4×10，20秒
训练负荷（每条腿）					
直腿硬拉：限时训练	4×10，20秒	4×8，13秒	4×10，20秒	4×8，13秒	4×10，20秒
训练负荷					
躯干训练					
扭转卷腹	3×20	3×20	3×20	3×20	3×20
训练负荷					
V形举腿	3×20	3×20	3×20	3×20	3×20
训练负荷					
胸部训练					
交替卧推：核心训练	4×8	4×6	4×8	4×6	4×8
训练负荷（总计）					

（接下页）

针对篮球运动员的爆发力和力量训练周期（接上页）

周五

长度 5周

目标 增强爆发力和力量。

强度 全身训练仅第1组动作要求完成规定次数。限时训练要在规定时间内完成规定重复次数。

节奏 全身训练要动作快，有爆发力。其他训练要在规定时间内完成规定重复次数。

休息 全身训练每组之间休息2分钟，其他训练每组之间休息1分30秒。

组数和次数

周数	爆发力和力量训练
1	全身训练＝5×3 限时训练＝4×8, 12秒
2	全身训练＝5×5 限时训练＝4×6, 10秒
3	全身训练＝5×3 限时训练＝4×8, 12秒
4	全身训练＝5×5 限时训练＝4×6, 10秒
5	全身训练＝5×3 限时训练＝4×8, 12秒

	第1周	第2周	第3周	第4周	第5周
全身训练					
悬垂翻：全身训练	3×3, 75%	3×5, 70%	3×3, 75%	3×5, 70%	3×3, 75%
训练负荷					
下蹲翻：全身训练	5×3, 85%	5×5, 80%	5×3, 85%	5×5, 80%	5×3, 85%
训练负荷					
复合训练：侧跳箱	3×4	3×4	3×4	3×4	3×4
完成的重复次数					
胸部训练					
上斜卧推：限时训练	4×8, 12秒	4×6, 10秒	4×8, 12秒	4×6, 10秒	4×8, 12秒
训练负荷					
复合训练：实心球仰卧胸前传球	3×6	3×6	3×6	3×6	3×6
完成的重复次数					
躯干训练					
V形举腿	3×8	3×8	3×8	3×8	3×8
训练负荷					
上背部训练					
划船：限时训练	4×8, 12秒	4×6, 10秒	4×8, 12秒	4×6, 10秒	4×8,12秒 4×3, 5秒
训练负荷					

针对排球运动员的爆发力和力量训练周期

周一

长度　4周

目标　增强爆发力，爆发力和运动表现有正比关系。

强度　第1组动作要完全规范，并能完成全部重复次数，才能增加负荷。

节奏　全身训练要动作快，有爆发力。限时训练要在规定时间内完成规定重复次数。

休息　每组之间休息2分钟。

组数和次数

周数	爆发力和力量训练
1	全身训练＝3×4，70% 限时训练＝3×6，9秒
2	全身训练＝3×2，75% 限时训练＝3×4，8秒
3	全身训练＝3×4，70% 限时训练＝3×6，9秒
4	全身训练＝3×2，75% 限时训练＝3×4，8秒

	第1周	第2周	第3周	第4周
全身训练				
悬垂翻：全身训练	3×4，70%	3×2，75%	3×4，70%	3×2，75%
训练负荷				
悬垂翻：全身训练	3×4，75%	3×2，80%	3×4，75%	3×2，80%
训练负荷				
下肢训练				
深蹲跳：限时训练	2×6，9秒	2×4，8秒	2×6，9秒	2×4，8秒
训练负荷				
侧弓箭步：限时训练	3×6，9秒	3×4，8秒	3×6，9秒	3×4，8秒
训练负荷（总计）				
躯干训练				
扭转卷腹	3×10	3×10	3×10	3×10
训练负荷				
背部伸展	3×8	3×8	3×8	3×8
训练负荷				
上肢训练				
俯身划船：限时训练	3×6，9秒	3×4，8秒	3×6，9秒	3×4，8秒
训练负荷				
肩袖训练				
肩内旋	2×12	2×12	2×12	2×12
训练负荷				

（接下页）

针对排球运动员的爆发力和力量训练周期（接上页）
周三（耐力训练）

长度 4周

目标 增强肌肉耐力。

强度 第1组动作要完全规范，并能完成全部重复次数，才能增加负荷。

节奏 全身训练要动作快，有爆发力。限时训练要在规定时间内完成规定重复次数。

休息 全身训练每组之间休息1分30秒，其他训练每组之间休息1分钟。

组数和次数

周数	耐力训练
1	全身训练＝3×3，85% 限时训练＝3×8，16秒
2	全身训练＝3×5，80% 限时训练＝3×10，17秒
3	全身训练＝3×3，85% 限时训练＝3×8，16秒
4	全身训练＝3×5，80% 限时训练＝3×10，17秒

	第1周	第2周	第3周	第4周
全身训练				
抓举：全身训练	3×3，85%	3×5，80%	3×3，85%	3×5，80%
训练负荷				
分腿交替抓举：全身训练	3×3，87%	3×5，82%	3×3，87%	3×5，82%
训练负荷				
下肢训练				
深蹲跳：限时训练	3×8，16秒	3×10，17秒	3×8，16秒	3×10，17秒
训练负荷				
弧形弓箭步：限时训练	3×8，16秒	3×10，17秒	3×8，16秒	3×10，17秒
训练负荷（总计）				
躯干训练				
交替V形举腿	3×10	3×10	3×10	3×10
训练负荷				
负重背部伸展	3×8	3×8	3×8	3×8
训练负荷				
胸部和肩部训练				
交替卧推	3×8，16秒	3×10，17秒	3×8，16秒	3×10，17秒
训练负荷（总计）				
肩袖训练				
空罐试验	2×10	2×10	2×10	2×10
训练负荷				

周五

长度　4周

目标　增强爆发力和力量，爆发力和力量与运动表现正相关。

强度　第1组动作要完全规范，并能完成全部重复次数，才能增加负荷。

节奏　全身训练要动作快，有爆发力。限时训练要在规定时间内完成规定重复次数。

休息　每组之间休息2分钟。

组数和次数

周数	爆发力和力量训练
1	全身训练＝3×4，70% 限时训练＝3×6，9秒
2	全身训练＝3×2，75% 限时训练＝3×4，8秒
3	全身训练＝3×4，70% 限时训练＝3×6，9秒
4	全身训练＝3×2，75% 限时训练＝3×4，8秒

	第1周	第2周	第3周	第4周
全身训练				
借力挺举：全身训练	3×4，70%	3×2，75%	3×4，70%	3×2，75%
训练负荷				
分腿交替挺举：全身训练	3×4，75%	3×2，80%	3×4，75%	3×2，80%
训练负荷				
胸部训练				
卧推：限时训练	4×4，5秒	3×6，9秒	3×4，5秒	3×6，9秒
训练负荷				
屈臂上拉：限时训练	3×4，5秒	3×6，9秒	3×4，5秒	3×6，9秒
训练负荷				
躯干训练				
交替触足卷体	3×10	3×10	3×10	3×10
完成的重复次数				
肩部训练				
肩部推举：限时训练	3×4，5秒	3×6，9秒	3×4，5秒	3×6，9秒
训练负荷（总计）				
肩袖训练				
屈臂转肩	2×12	2×12	2×12	2×12
训练负荷				

CHAPTER 11

针对速度型运动的训练

在短跑项目中，虽然需要一定的力量，但速度才是核心因素。本章介绍如何针对运动项目进行速度训练，例如田径中的短跑、游泳、自行车项目和短道速滑。虽然这些运动项目要求力量，但并没有足球、英式橄榄球和田径中投掷项目对力量的要求高。这些运动项目更加注重速度。

实现高速度的动作主要是依靠调整训练负荷。训练负荷在最大重复质量的70%~100%时有利于增强爆发力，更低的训练负荷则有利于提高速度。速度训练的负荷应是最大重复质量的45%~70%。这种轻负荷可以将训练重点从力量调整到速度。

不过，在运动员开始速度训练前，必须具备一定的爆发力。短跑运动员不能只注重速度训练，在速度训练之前还要打好力量训练的基础。无论在田径场上还是在水下，驱使身体全速前进都需要强大的力量。

第9章和第10章所介绍的限时训练是速度训练的重要内容。在针对运动项目的爆发力训练中，运动员要完成4组动作，每组重复5次，限时13秒，也就是说每个动作用时2.6秒。在速度训练中，短跑运动员做同样的动作，但限时缩短为6秒，每个动作仅用时1.2秒，训练重心是速度，而不是爆发力。

　　每组之间的休息时间和每组动作的重复次数都取决于运动员所从事的体育项目。不同的体育项目之间差别很大，例如田径、游泳、滑冰和自行车。100米男子自由泳的世界纪录是46.91秒，女子项目是52.07秒。500米短道速滑的男女世界纪录分别是39.937秒和42.609秒。自行车项目里，500米计时赛的男女世界纪录分别是24.758秒和29.655秒。相比之下，100米短跑的男女世界纪录分别是9.58秒和10.49秒。虽然这些都是速度竞技项目，但游泳运动员、自行车运动员和速滑运动员所需的耐力要比田径运动员更高。通过调整休息时间和重复次数，可以满足不同运动员的需求。由于游泳、自行车和短道速滑项目的比赛时间都比100米短跑项目更长，这些项目的运动员在训练时的休息时间要相对较短，每组重复次数更多，这样才能符合实际比赛的耐力要求。

训练计划样本

第一个训练计划样本是针对短跑运动员的。由于该运动项目比赛时间短，因此训练的休息时间较长，动作重复次数较少。训练的重点是力量和爆发力，也更符合运动项目的要求。

第二个训练计划样本是针对游泳运动员的。根据该运动项目的要求，调整训练变量时应强调耐力，耐力在游泳项目的重要性要高于短跑项目。训练的休息时间较短，每组动作重复次数较多。本书还介绍了复合训练，也就是将两种练习合并起来，例如先做哑铃前蹲再做借力挺举。复合训练加长了每个动作的持续时间，有助于提高耐力。

由于水的阻力比空气更大，游泳运动员的训练项目要重视提升力量和增强耐力。通过增加全身训练时最大重复质量的百分比和增加限时训练中每个动作的时间，可以实现这一目的。

第三个训练计划样本是针对自行车运动员的。由于该项目的比赛距离较长，调整训练变量时应强调耐力。训练的休息时间较短，每组动作重复次数较多。复合训练有助于提高耐力。

最后一个训练计划样本是针对短道速滑运动员的。训练安排同样是较短的休息时间，每组动作重复次数较多，复合训练包括举重训练、限时训练和超等长训练以提高爆发力、速度和耐力。

针对短跑运动员的爆发力训练周期
周一

长度 5周

目标 增强爆发力和力量，爆发力、力量和速度三者之间是相互影响的。

强度 全身训练仅第1组动作要求完成规定重复次数。限时训练要在规定时间内完成规定的重复次数。

节奏 全身训练要动作快，有爆发力。其他训练要以适当的节奏在规定时间内完成规定重复次数。

休息 每组之间休息3分钟。

组数和次数

周数	爆发力训练
1	全身训练＝6×3，50%~55% 限时训练＝4×6，9秒
2	全身训练＝5×2，60%~65% 限时训练＝4×3，4秒
3	全身训练＝6×3，50%~55% 限时训练＝4×6，9秒
4	全身训练＝5×2，60%~65% 限时训练＝4×3，4秒
5	全身训练＝6×3，50%~55% 限时训练＝4×6，9秒

	第1周	第2周	第3周	第4周	第5周
全身训练					
交替借力挺举：全身训练 训练负荷	6×3, 50%	5×2, 60%	6×3, 50%	5×2, 60%	6×3, 50%
复合训练：深跳 完成的重复次数	4×5	4×5	4×5	4×5	4×5
复合训练：分腿交替挺举：全身训练 训练负荷	6×3, 55%	5×2, 65%	6×3, 55%	5×2, 65%	6×3, 55%
复合训练：深蹲跳 完成的重复次数	4×5	4×5	4×5	4×5	4×5
下肢训练					
深蹲跳：限时训练 训练负荷	4×6, 9秒	4×3, 4秒	4×6, 9秒	4×3, 4秒	4×6, 9秒
直腿硬拉：限时训练 训练负荷	4×6, 9秒	4×3, 4秒	4×6, 9秒	4×3, 4秒	4×6, 9秒
躯干训练					
扭转卷腹 训练负荷	3×10	3×10	3×10	3×10	3×10
上肢训练					
划船：限时训练 完成的重复次数	4×6, 9秒	4×3, 4秒	4×6, 9秒	4×3, 4秒	4×6, 9秒

注：表中术语如下。全身训练，指奥林匹克风格的训练，或是相关的训练；核心训练，指多关节训练，如深蹲；限时训练，指运动员要在指定时间内完成规定次数；辅助训练，指单关节训练，如胸前弯举；实心球，指利用实心球进行训练（实心球适合蓄力投掷，因此常用在提高爆发力的训练中）。

（接下页）

针对短跑运动员的爆发力训练周期（接上页）

周三

长度 5周

目标 增强爆发力和力量，爆发力、力量和速度三者之间是相互影响的。

强度 全身训练仅第1组动作要求完成规定重复次数。限时训练要在规定时间内完成规定的重复次数。

节奏 全身训练要动作快，有爆发力。其他训练要以适当的节奏在规定时间内完成规定重复次数。

休息 每组之间休息3分钟。

组数和次数

周数	爆发力训练
1	全身训练 = 6×3，50%~55% 限时训练 = 4×6，9秒
2	全身训练 = 5×2，60%~65% 限时训练 = 4×3，4秒
3	全身训练 = 6×3，50%~55% 限时训练 = 4×6，9秒
4	全身训练 = 5×2，60%~65% 限时训练 = 4×3，4秒
5	全身训练 = 6×3，50%~55% 限时训练 = 4×6，9秒

	第1周	第2周	第3周	第4周	第5周
全身训练					
交替抓举：全身训练	6×3，50%	5×2，60%	6×3，50%	5×2，60%	6×3，50%
训练负荷（胫部）					
复合训练：锥箱跳（4箱）	4×4	4×5	4×4	4×5	4×4
完成的重复次数					
复合训练：分腿交替抓举：全身训练	6×3，55%	5×2，65%	6×3，55%	5×2，65%	6×3，55%
训练负荷					
复合训练：上斜拉绳	4×5	4×5	4×5	4×5	4×5
完成的重复次数					
下肢训练					
分腿弓箭步跳：限时训练	4×6，9秒	4×3，4秒	4×6，9秒	4×3，4秒	4×6，9秒
训练负荷					
躯干训练					
卧推卷腹	3×10	3×10	3×10	3×10	3×10
训练负荷					
胸部训练					
交替卧推：核心训练	4×6，9秒	4×3，4秒	4×6，9秒	4×3，4秒	4×6，9秒
训练负荷					

周五

长度　5周

目标　增强爆发力和力量，爆发力、力量和速度三者之间是相互影响的。

强度　全身训练仅第1组动作要求完成规定重复次数。限时训练要在规定时间内完成规定的重复次数。

节奏　全身训练要动作快，有爆发力。其他训练要以适当的节奏在规定时间内完成规定重复次数。

休息　每组之间休息3分钟。

组数和次数

周数	爆发力训练
1	全身训练 = 6×3，50%~55% 限时训练 = 4×6，9秒
2	全身训练 = 5×2，60%~65% 限时训练 = 4×3，4秒
3	全身训练 = 6×3，50%~55% 限时训练 = 4×6，9秒
4	全身训练 = 5×2，60%~65% 限时训练 = 4×3，4秒
5	全身训练 = 6×3，50%~55% 限时训练 = 4×6，9秒

	第1周	第2周	第3周	第4周	第5周
全身训练					
交替高翻：全身训练	6×3, 50%	5×2, 60%	6×3, 50%	5×2, 60%	6×3, 50%
训练负荷					
复合训练：侧锥箱跳	4×5	4×5	4×5	4×5	4×5
完成的重复次数					
复合训练：交替悬垂翻：全身训练	6×3, 55%	5×2, 65%	6×3, 55%	5×2, 65%	6×3, 55%
训练负荷					
复合训练：侧深跳和侧跳箱	4×5	4×5	4×5	4×5	4×5
完成的重复次数					
胸部训练					
交替上斜卧推：限时训练	4×6, 9秒	4×3, 4秒	4×6, 9秒	4×3, 4秒	4×6, 9秒
训练负荷					
复合训练：实心球仰卧胸前传球	4×5	4×5	4×5	4×5	4×5
完成的重复次数					
躯干训练					
V形举腿	3×10	3×10	3×10	3×10	3×10
训练负荷					
上肢训练					
立正划船：限时训练	4×6, 9秒	4×3, 4秒	4×6, 9秒	4×3, 4秒	4×6, 9秒
训练负荷					

针对游泳运动员的爆发力训练周期

周一

长度　5周

目标　增强爆发力、力量（爆发力、力量和速度三者之间是相互影响的）和肌肉耐力。

强度　全身训练要求完成每组的规定重复次数。限时训练要在规定时间内完成规定的重复次数。

节奏　全身训练要动作快，有爆发力。其他训练要以适当的节奏在规定时间内完成规定重复次数。

休息　每组之间休息1分30秒。

组数和次数

周数	爆发力训练
1	全身训练 = 4×5, 70% 限时训练 = 3×30, 51秒 辅助训练 = 3×20
2	全身训练 = 4×6, 65% 限时训练 = 3×25, 40秒 辅助训练 = 3×20
3	全身训练 = 4×5, 70% 限时训练 = 3×30, 51秒 辅助训练 = 3×20
4	全身训练 = 4×6, 65% 限时训练 = 3×25, 40秒 辅助训练 = 3×20
5	全身训练 = 4×5, 70% 限时训练 = 3×30, 51秒 辅助训练 = 3×20

	第1周	第2周	第3周	第4周	第5周
全身训练					
前深蹲接借力挺举：全身训练	4×5, 70%	4×6, 65%	4×5, 70%	4×6, 65%	4×5, 70%
训练负荷					
复合训练：深跳	3×8	3×8	3×8	3×8	3×8
完成的重复次数					
下肢训练					
深蹲跳：限时训练	3×30, 51秒	3×25, 40秒	3×30, 51秒	3×25, 40秒	3×30, 51秒
训练负荷					
直腿硬拉：限时训练	3×30, 51秒	3×25, 40秒	3×30, 51秒	3×25, 40秒	3×30, 51秒
训练负荷					
躯干训练					
V形举腿	3×50	3×50	3×50	3×50	3×50
训练负荷					
上肢训练					
立正划船：限时训练	3×30, 51秒	3×25, 40秒	3×30, 51秒	3×25, 40秒	3×30, 51秒
训练负荷					
前平举：辅助训练	3×20	3×20	3×20	3×20	3×20
训练负荷					
肩袖训练					
肩外旋	2×15	2×15	2×15	2×15	2×15
完成的重复次数					

周三

长度 5周

目标 增强爆发力、力量（爆发力、力量和速度三者之间是相互影响的）和肌肉耐力。

强度 全身训练要求完成每组的规定重复次数。限时训练要在规定时间内完成规定的重复次数。

节奏 全身训练要动作快，有爆发力。其他训练要以适当的节奏在规定时间内完成规定重复次数。

休息 每组之间休息1分30秒。

组数和次数

周数	爆发力训练
1	全身训练＝4×5，70% 限时训练＝3×30，51秒 辅助训练＝3×20
2	全身训练＝4×6，65% 限时训练＝3×25，40秒 辅助训练＝3×20
3	全身训练＝4×5，70% 限时训练＝3×30，51秒 辅助训练＝3×20
4	全身训练＝4×6，65% 限时训练＝3×25，40秒 辅助训练＝3×20
5	全身训练＝4×5，70% 限时训练＝3×30，51秒 辅助训练＝3×20

	第1周	第2周	第3周	第4周	第5周
全身训练					
前深蹲接交替抓举接弓箭步：全身训练	4×5，70%	4×6，65%	4×5，70%	4×6，65%	4×5，70%
训练负荷（胫部）					
复合训练：跳箱跳	3×8	3×8	3×8	3×8	3×8
完成的重复次数					
下肢训练					
前深蹲：限时训练	3×30，51秒	3×25，40秒	3×30，51秒	3×25，40秒	3×30，51秒
训练负荷					
躯干训练					
交替卧推卷腹	3×50	3×50	3×50	3×50	3×50
训练负荷					
上肢训练					
交替卧推：限时训练	3×30，51秒	3×25，40秒	3×30，51秒	3×25，40秒	3×30，51秒
训练负荷					
复合训练：实心球直立提拉传球	3×8	3×8	3×8	3×8	3×8
完成的重复次数					
复合训练：俯身侧平举：辅助训练	3×20	3×20	3×20	3×20	3×20
训练负荷					
肩袖训练					
肩内旋	2×15	2×15	2×15	2×15	2×15
完成的重复次数					

（接下页）

针对游泳运动员的爆发力训练周期（接上页）

周五

长度 5周

目标 增强爆发力、力量（爆发力、力量和速度三者之间是相互影响的）和肌肉耐力。

强度 全身训练要求完成每组的规定重复次数。限时训练要在规定时间内完成规定的重复次数。

节奏 全身训练要动作快，有爆发力。其他训练要以适当的节奏在规定时间内完成规定重复次数。

休息 每组之间休息1分30秒。

组数和次数

周数	爆发力训练
1	全身训练＝4×5，70% 限时训练＝3×30，51秒 辅助训练＝3×20
2	全身训练＝4×6，65% 限时训练＝3×25，40秒 辅助训练＝3×20
3	全身训练＝4×5，70% 限时训练＝3×30，51秒 辅助训练＝3×20
4	全身训练＝4×6，65% 限时训练＝3×25，40秒 辅助训练＝3×20
5	全身训练＝4×5，70% 限时训练＝3×30，51秒 辅助训练＝3×20

	第1周	第2周	第3周	第4周	第5周
全身训练					
高翻接前深蹲接借力挺举：全身训练	4×5，70%	4×6，65%	4×5，70%	4×6，65%	4×5，70%
训练负荷					
复合训练：锥箱跳	3×12	3×12	3×12	3×12	3×12
完成的重复次数					
胸部训练					
交替上斜卧推：限时训练	3×30，51秒	3×25，40秒	3×30，51秒	3×25，40秒	3×30，51秒
训练负荷					
复合训练：实心球仰卧胸前传球	3×12	3×12	3×12	3×12	3×12
完成的重复次数					
躯干训练					
V形举腿	3×30	3×30	3×30	3×30	3×30
训练负荷					
上肢训练					
划船：限时训练	3×30，51秒	3×25，40秒	3×30，51秒	3×25，40秒	3×30，51秒
训练负荷					
侧平举：辅助训练	3×20	3×20	3×20	3×20	3×20
训练负荷					
肩袖训练					
空罐试验	2×15	2×15	2×15	2×15	2×15
训练负荷					

针对自行车运动员的爆发力训练周期

周一

长度 5周

目标 增强爆发力（爆发力和速度之间是相互影响的）和肌肉耐力。

强度 全身训练要求完成每组的规定重复次数。限时训练要在规定时间内完成规定的重复次数。

节奏 全身训练要动作快，有爆发力。其他训练要以适当的节奏在规定时间内完成规定重复次数。

休息 每组之间休息1分45秒。

组数和次数

周数	爆发力训练
1	全身训练 = 5 × 4, 55%~60% 限时训练 = 4 × 17, 23秒 辅助训练 = 3 × 10
2	全身训练 = 5 × 6, 50%~55% 限时训练 = 4 × 24, 29秒 辅助训练 = 3 × 8
3	全身训练 = 5 × 4, 55%~60% 限时训练 = 4 × 17, 23秒 辅助训练 = 3 × 10
4	全身训练 = 5 × 6, 50%~55% 限时训练 = 4 × 24, 29秒 辅助训练 = 3 × 8
5	全身训练 = 5 × 4, 55%~60% 限时训练 = 4 × 17, 23秒 辅助训练 = 3 × 10

	第1周	第2周	第3周	第4周	第5周
全身训练					
前深蹲接借力挺举：全身训练 训练负荷	5×4, 55%	5×6, 50%	5×4, 55%	5×6, 50%	5×4, 55%
复合训练：单腿跳箱 完成的重复次数（每条腿）	4×6	4×6	4×6	4×6	4×6
复合训练：分腿交替抓举：全身训练 训练负荷	5×4, 60%	5×3, 55%	5×4, 60%	5×3, 55%	5×4, 60%
复合训练：单腿深蹲跳 完成的重复次数（每条腿）	4×6	4×6	4×6	4×6	4×6
下肢训练					
单腿深蹲跳：限时训练 训练负荷（每条腿）	4×17, 23秒	4×24, 29秒	4×17, 23秒	4×24, 29秒	4×17, 23秒
单腿直腿硬拉：限时训练（每条腿） 训练负荷	4×17, 23秒	4×24, 29秒	4×17, 23秒	4×24, 29秒	4×17, 23秒
躯干训练					
触足卷体 训练负荷	3×25	3×25	3×25	3×25	3×25
上肢训练					
立正划船：辅助训练 完成的重复次数	3×10	3×8	3×10	3×8	3×10

（接下页）

针对自行车运动员的爆发力训练周期

（接上页）

周三

长度 5周

目标 增强爆发力（爆发力和速度之间是相互影响的）和肌肉耐力。

强度 全身训练要求完成每组的规定重复次数。限时训练要在规定时间内完成规定的重复次数。

节奏 全身训练要动作快，有爆发力。其他训练要以适当的节奏在规定时间内完成规定重复次数。

休息 每组之间休息1分45秒。

组数和次数

周数	爆发力训练
1	全身训练 = 5×4，55%~60% 限时训练 = 4×17，23秒
2	全身训练 = 5×6，50%~55% 限时训练 = 4×24，29秒
3	全身训练 = 5×4，55%~60% 限时训练 = 4×17，23秒
4	全身训练 = 5×6，50%~55% 限时训练 = 4×24，29秒
5	全身训练 = 5×4，55%~60% 限时训练 = 4×17，23秒

	第1周	第2周	第3周	第4周	第5周
全身训练					
深蹲接交替抓举：全身训练	5×4，55%	5×6，50%	5×4，55%	5×6，50%	5×4，55%
训练负荷（胫部）					
复合训练：单腿锥箱跳（4箱）	4×6	4×6	4×6	4×6	4×6
完成的重复次数（每条腿）					
复合训练：悬垂翻接交替挺举：全身训练	5×4，60%	5×3，55%	5×4，60%	5×3，55%	5×4，60%
训练负荷					
复合训练：单腿跳绳	4×6	4×6	4×6	4×6	4×6
完成的重复次数					
下肢训练					
分腿弓箭步跳：限时训练	4×17，23秒	4×24，29秒	4×17，23秒	4×24，29秒	4×17，23秒
训练负荷					
躯干训练					
V形举腿	3×25	3×25	3×25	3×25	3×25
训练负荷					
胸部训练					
上斜卧推：核心训练	3×10	3×8	3×10	3×8	3×10
训练负荷					

周五

长度 5周

目标 增强爆发力（爆发力和速度之间是相互影响的）和肌肉耐力。

强度 全身训练仅第1组要求完成全部重复次数。限时训练要在规定时间内完成规定的重复次数。

节奏 全身训练要动作快，有爆发力。其他训练要以适当的节奏在规定时间内完成规定重复次数。

休息 每组之间休息1分45秒。

组数和次数

周数	爆发力训练
1	全身训练＝5×4，55%~60% 限时训练＝4×17，23秒
2	全身训练＝5×6，50%~55% 限时训练＝4×24，29秒
3	全身训练＝5×4，55%~60% 限时训练＝4×17，23秒
4	全身训练＝5×6，50%~55% 限时训练＝4×24，29秒
5	全身训练＝5×4，55%~60% 限时训练＝4×17，23秒

	第1周	第2周	第3周	第4周	第5周
全身训练					
交替高翻接分腿交替借力挺举：全身训练	5×4，55%	5×6，50%	5×4，55%	5×6，50%	5×4，55%
训练负荷					
复合训练：单腿侧锥箱跳	4×6	4×6	4×6	4×6	4×6
完成的重复次数（每条腿）					
复合训练：交替悬垂翻接交替挺举：全身训练	5×4，60%	5×3，55%	5×4，60%	5×3，55%	5×4，60%
训练负荷					
复合训练：单腿侧深跳和侧跳箱	4×6	4×6	4×6	4×6	4×6
完成的重复次数（每条腿）					
胸部训练					
卧推：限时训练	4×17，23秒	4×24，29秒	4×17，23秒	4×24，29秒	4×17，23秒
训练负荷					
躯干训练					
V形举腿	3×25	3×25	3×25	3×25	3×25
训练负荷					
上肢训练					
立正划船：限时训练	4×17，23秒	4×24，29秒	4×17，23秒	4×24，29秒	4×17，23秒
训练负荷					

针对短道速滑运动员的爆发力训练周期

周一

长度 5周

目标 增强爆发力（爆发力和速度之间是相互影响的）和肌肉耐力。

强度 全身训练要求完成每组的规定重复次数。限时训练要在规定时间内完成规定的重复次数。

节奏 全身训练要动作快，有爆发力。其他训练要以适当的节奏在规定时间内完成规定重复次数。

休息 每组之间休息1分40秒。

组数和次数

周数	爆发力训练
1	全身训练 = 4×4，50%~55% 限时训练 = 3×28，39秒
2	全身训练 = 4×6，45%~50% 限时训练 = 3×25，30秒
3	全身训练 = 4×4，50%~55% 限时训练 = 3×28，39秒
4	全身训练 = 4×6，45%~50% 限时训练 = 3×25，30秒
5	全身训练 = 4×4，50%~55% 限时训练 = 3×28，39秒

	第1周	第2周	第3周	第4周	第5周
全身训练					
交替高翻接交替借力挺举：全身训练 训练负荷	4×4，50%~55%	4×6，45%~50%	4×4，50%~55%	4×6，45%~50%	4×4，50%~55%
复合训练：单腿跳箱 完成的重复次数（每条腿）	4×6	4×6	4×6	4×6	4×6
复合训练：分腿交替挺举：全身训练 训练负荷	4×4，50%~55%	4×6，45%~50%	4×4，50%~55%	4×6，45%~50%	4×4，50%~55%
复合训练：单腿深蹲跳 完成的重复次数（每条腿）	4×6	4×6	4×6	4×6	4×6
下肢训练					
单腿深蹲跳：限时训练 训练负荷（每条腿）	3×28，39秒	3×25，30秒	3×28，39秒	3×25，30秒	3×28，39秒
单腿直腿硬拉：限时训练 训练负荷（每条腿）	3×28，39秒	3×25，30秒	3×28，39秒	3×25，30秒	3×28，39秒
躯干训练					
扭转卷腹 训练负荷	3×25	3×25	3×25	3×25	3×25
上肢训练					
划船：限时训练 完成的重复次数	3×28，39秒	3×25，30秒	3×28，39秒	3×25，30秒	3×28，39秒

周三

长度 5周

目标 增强爆发力（爆发力和速度之间是相互影响的）和肌肉耐力。

强度 全身训练要求完成每组的规定重复次数。限时训练要在规定时间内完成规定的重复次数。

节奏 全身训练要动作快，有爆发力。其他训练要以适当的节奏在规定时间内完成规定重复次数。

休息 每组之间休息1分40秒。

组数和次数

周数	爆发力训练
1	全身训练 = 4×4, 50%~55% 限时训练 = 3×28, 39秒
2	全身训练 = 4×6, 45%~50% 限时训练 = 3×25, 30秒
3	全身训练 = 4×4, 50%~55% 限时训练 = 3×28, 39秒
4	全身训练 = 4×6, 45%~50% 限时训练 = 3×25, 30秒
5	全身训练 = 4×4, 50%~55% 限时训练 = 3×28, 39秒

	第1周	第2周	第3周	第4周	第5周
全身训练					
深蹲接交替抓举：全身训练	4×4, 50%~55%	4×6, 45%~50%	4×4, 50%~55%	4×6, 45%~50%	4×4, 50%~55%
训练负荷（胫部）					
复合训练：单腿锥箱跳（4箱）	4×6	4×6	4×6	4×6	4×6
完成的重复次数（每条腿）					
复合训练：分腿交替抓举：全身训练	4×4, 50%~55%	4×6, 45%~50%	4×4, 50%~55%	4×6, 45%~50%	4×4, 50%~55%
训练负荷					
复合训练：单腿跳绳	4×6	4×6	4×6	4×6	4×6
完成的重复次数					
下肢训练					
分腿弓箭步跳：限时训练	3×28, 39秒	3×25, 30秒	3×28, 39秒	3×25, 30秒	3×28, 39秒
训练负荷					
躯干训练					
卧推卷腹	3×25	3×25	3×25	3×25	3×25
训练负荷					
胸部训练					
交替卧推：核心训练	3×28, 39秒	3×25, 30秒	3×28, 39秒	3×25, 30秒	3×28, 39秒
训练负荷					
上肢训练					
俯身侧平举：限时训练	3×28, 39秒	3×25, 30秒	3×28, 39秒	3×25, 30秒	3×28, 39秒
训练负荷					

（接下页）

针对短道速滑运动员的爆发力训练周期（接上页）
周五

长度 5周

目标 增强爆发力（爆发力和速度之间是相互影响的）和肌肉耐力。

强度 全身训练仅第1组要求完成规定重复次数。限时训练要在规定时间内完成规定的重复次数。

节奏 全身训练要动作快，有爆发力。其他训练要以适当的节奏在规定时间内完成规定重复次数。

休息 每组之间休息1分40秒。

组数和次数

周数	爆发力训练
1	全身训练＝4×4，50%~55% 限时训练＝3×28，39秒
2	全身训练＝4×6，45%~50% 限时训练＝3×25，30秒
3	全身训练＝4×4，50%~55% 限时训练＝3×28，39秒
4	全身训练＝4×6，45%~50% 限时训练＝3×25，30秒
5	全身训练＝4×4，50%~55% 限时训练＝3×28，39秒

	第1周	第2周	第3周	第4周	第5周
全身训练					
交替高翻接深蹲：全身训练	4×4，50%~55%	4×6，45%~50%	4×4，50%~55%	4×6，45%~50%	4×4，50%~55%
训练负荷					
复合训练：单腿侧锥箱跳	4×6	4×6	4×6	4×6	4×6
完成的重复次数（每条腿）					
复合训练：交替悬垂翻：全身训练	4×4，50%~55%	4×6，45%~50%	4×4，50%~55%	4×6，45%~50%	4×4，50%~55%
训练负荷					
复合训练：单腿侧深跳 和侧跳箱	4×6	4×6	4×6	4×6	4×6
完成的重复次数（每条腿）					
胸部训练					
交替卧推：限时训练	3×28，39秒	3×25，30秒	3×28，39秒	3×25，30秒	3×28，39秒
训练负荷					
上肢训练					
立正划船：限时训练	3×28，39秒	3×25，30秒	3×28，39秒	3×25，30秒	3×28，39秒
训练负荷					

CHAPTER 12

针对敏捷和平衡型运动的训练

哑铃尤其适用于强调身体平衡能力的运动项目，例如摔跤、英式足球、冰球和高山滑雪。虽然这些运动项目各不相同，但都需要保持身体平衡才能有良好的表现。选择恰当的哑铃训练不仅能增大肌肉体积、增强力量和提高爆发力，还可以改善平衡能力。

在哑铃训练中，通过交替臂训练和单臂训练可以增强平衡能力。不过，同时用两只哑铃训练将更有效地提高平衡能力，因为要同时控制两只独立的器械。

当做单腿训练时，使用哑铃比使用杠铃更为安全，这是哑铃训练的另一优点。例如单腿深蹲时，从肩部高度放下哑铃要比从同一高度放下杠铃容易得多。

训练计划样本

前面提到的平衡性运动项目——冰球、摔跤、速滑和英式足球——都有独特的要求。仅用一个训练样本无法满足这些运动对提高平衡能力的诸多要求，要为每项运动单独制订训练计划。

英式足球的训练计划分为两部分，一个是针对场上球员的，另一个是针对守门员的。场上球员比守门员需要更强的肌肉耐力，他们的训练计划包含更多的重复次数。由于守门员要求动作敏捷，爆发力强，他们的训练计划更注重力量和爆发力。

针对摔跤运动员的力量训练周期

周一

长度 5周

目标 提高力量以增强平衡能力和敏捷度。

强度 仅第1组要求完成规定重复次数。务必注意动作规范。

节奏 全身训练要动作快，有爆发力。其他训练应迅速举起，2秒放下。

休息 全身训练每组之间休息2分30秒。其他训练每组之间休息2分钟。

组数和次数

周数	力量训练周期
1	全身训练 = 5×2 核心训练 = 4×2 辅助训练 = 3×5
2	全身训练 = 5×4 核心训练 = 4×4 辅助训练 = 3×5
3	全身训练 = 5×2 核心训练 = 4×2 辅助训练 = 3×5
4	全身训练 = 5×4 核心训练 = 4×4 辅助训练 = 3×5
5	全身训练 = 5×2 核心训练 = 4×2 辅助训练 = 3×5

	第1周	第2周	第3周	第4周	第5周
全身训练					
交替借力挺举：全身训练	5×2	5×4	5×2	5×4	5×2
训练负荷					
分腿交替挺举：全身训练	5×2	5×4	5×2	5×4	5×2
训练负荷					
下肢训练					
单腿深蹲：核心训练	4×4	4×2	4×4	4×2	4×4
训练负荷					
单腿直腿硬拉：核心训练	4×4	4×2	4×4	4×2	4×4
训练负荷					
躯干训练					
扭转卷腹	3×12	3×12	3×12	3×12	3×12
训练负荷					
背部训练					
划船：核心训练	4×4	4×2	4×4	4×2	4×4
训练负荷					
肱二头肌训练					
交替弯举：辅助训练	3×5	3×5	3×5	3×5	3×5
训练负荷					

注：表中术语如下。全身训练，指奥林匹克风格的训练，或是相关的训练；核心训练，指多关节训练，如深蹲；限时训练，指运动员要在指定时间内完成规定次数；辅助训练，指单关节训练，如胸前弯举；人工负荷，指由搭档提供负荷。

周二

长度 5周

目标 提高力量以增强平衡能力和敏捷度。

强度 仅第1组要求完成规定重复次数。务必注意动作规范。

节奏 全身训练要动作快，有爆发力。其他训练应迅速举起，2秒放下。

休息 全身训练每组之间休息2分30秒。其他训练每组之间休息2分钟。

组数和次数

周数	力量训练
1	全身训练＝5×2 核心训练＝4×2
2	全身训练＝5×4 核心训练＝4×4
3	全身训练＝5×2 核心训练＝4×2
4	全身训练＝5×4 核心训练＝4×4
5	全身训练＝5×2 核心训练＝4×2

	第1周	第2周	第3周	第4周	第5周
全身训练					
单臂抓举：全身训练	5×2	5×4	5×2	5×4	5×2
训练负荷					
单臂分腿交替抓举：全身训练	5×2	5×4	5×2	5×4	5×2
训练负荷					
下肢训练					
单臂上斜卧推：核心训练	4×4	4×2	4×4	4×2	4×4
训练负荷					
躯干训练					
下斜哑铃卧推	3×12	3×12	3×12	3×12	3×12
训练负荷					
背部伸展	3×8	3×8	3×8	3×8	3×8
训练负荷					
肩部训练					
交替肩部推举：核心训练	4×4	4×2	4×4	4×2	4×4
训练负荷					

（接下页）

针对摔跤运动员的力量训练周期（接上页）

周三

长度 5周

目标 提高力量以增强平衡能力和敏捷度。

强度 仅第1组要求完成规定重复次数。务必注意动作规范。

节奏 全身训练要动作快，有爆发力。其他训练应迅速举起，2秒放下。

休息 全身训练每组之间休息2分30秒。其他训练每组之间休息2分钟。

组数和次数

周数	力量训练
1	全身训练 = 5×2 核心训练 = 4×2
2	全身训练 = 5×4 核心训练 = 4×4
3	全身训练 = 5×2 核心训练 = 4×2
4	全身训练 = 5×4 核心训练 = 4×4
5	全身训练 = 5×2 核心训练 = 4×2

	第1周	第2周	第3周	第4周	第5周
全身训练					
单臂高翻：全身训练	5×2	5×4	5×2	5×4	5×2
训练负荷					
交替下蹲翻：全身训练	5×2	5×4	5×2	5×4	5×2
训练负荷					
下肢训练					
单腿前深蹲：核心训练	4×4	4×2	4×4	4×2	4×4
训练负荷					
侧弓箭步：核心训练	4×4	4×2	4×4	4×2	4×4
训练负荷					
躯干训练					
扭转卷腹	3×12	3×12	3×12	3×12	3×12
训练负荷					
肱二头肌训练					
交替正握弯举	3×5	3×5	3×5	3×5	3×5
训练负荷					

周五

长度　5周

目标　提高力量以增强平衡能力和敏捷度。

强度　仅第1组要求完成规定重复次数。务必注意动作规范。

节奏　全身训练要动作快，有爆发力。其他训练应迅速举起，2秒放下。

休息　全身训练每组之间休息2分30秒。其他训练每组之间休息2分钟。

组数和次数

周数	力量训练
1	全身训练＝5×2 核心训练＝4×2
2	全身训练＝5×4 核心训练＝4×4
3	全身训练＝5×2 核心训练＝4×2
4	全身训练＝5×4 核心训练＝4×4
5	全身训练＝5×2 核心训练＝4×2

	第1周	第2周	第3周	第4周	第5周
全身训练					
单臂抓举：全身训练	5×2	5×4	5×2	5×4	5×2
训练负荷					
单臂分腿抓举：全身训练	5×2	5×4	5×2	5×4	5×2
训练负荷					
胸部训练					
单臂上斜卧推：核心训练	4×4	4×2	4×4	4×2	4×4
训练负荷					
躯干训练					
V形举腿	3×12	3×12	3×12	3×12	3×12
训练负荷					
扭转背部伸展	3×8	3×8	3×8	3×8	3×8
训练负荷					
肩部训练					
单臂肩部推举：核心训练	4×4	4×2	4×4	4×2	4×4
训练负荷					

针对英式足球运动员的力量训练周期

周一

长度 5周

目标 提高力量以增强平衡能力和敏捷度。

强度 每组动作均要求完成规定重复次数。

节奏 全身训练要动作快,有爆发力。其他训练应迅速举起,2秒放下。

休息 每组之间休息2分钟。

组数和次数

周数	场上球员	守门员
1	全身训练 = 3×3 核心训练 = 3×5	全身训练 = 3×3 核心训练 = 3×4
2	全身训练 = 3×5 核心训练 = 3×8	全身训练 = 3×4 核心训练 = 3×6
3	全身训练 = 3×3 核心训练 = 3×5	全身训练 = 3×3 核心训练 = 3×4
4	全身训练 = 3×5 核心训练 = 3×8	全身训练 = 3×5 核心训练 = 3×6
5	全身训练 = 3×3 核心训练 = 3×5	全身训练 = 3×3 核心训练 = 3×4

	第1周	第2周	第3周	第4周	第5周
全身训练					
分腿交替挺举:全身训练	3×3+3×3	3×5+3×4	3×3+3×3	3×5+3×4	3×3+3×3
训练负荷					
下肢训练					
单腿前深蹲:核心训练	3×5+3×4	3×8+3×6	3×5+3×4	3×8+3×6	3×5+3×4
训练负荷					
侧弓箭步	3×5+3×4	3×8+3×6	3×5+3×4	3×8+3×6	3×5+3×4
训练负荷(总计)					
躯干训练					
头上卷腹划船	4×15+ 4×12	4×15+ 4×12	4×15+ 4×12	4×15+ 4×12	4×15+ 4×12
训练负荷					
上肢训练					
交替上斜卧推:核心训练	3×5+3×4	3×8+3×6	3×5+3×4	3×8+3×6	3×5+3×4
训练负荷					
颈部训练					
人工负荷屈曲	1×8	1×8	1×8	1×8	1×8
完成的重复次数					

周三

长度 5周

目标 提高力量以增强平衡能力和敏捷度。

强度 每组动作均要求完成规定重复次数。

节奏 全身训练要动作快，有爆发力。其他训练应迅速举起，2秒放下。

休息 每组之间休息2分钟。

组数和次数

周数	场上球员	守门员
1	全身训练 = 3×3 核心训练 = 3×5	全身训练 = 3×3 核心训练 = 3×4
2	全身训练 = 3×5 核心训练 = 3×8	全身训练 = 3×4 核心训练 = 3×6
3	全身训练 = 3×3 核心训练 = 3×5	全身训练 = 3×3 核心训练 = 3×4
4	全身训练 = 3×5 核心训练 = 3×8	全身训练 = 3×4 核心训练 = 3×6
5	全身训练 = 3×3 核心训练 = 3×5	全身训练 = 3×3 核心训练 = 3×4

	第1周	第2周	第3周	第4周	第5周
全身训练					
悬垂翻：全身训练	3×3+3×3	3×5+3×4	3×3+3×3	3×5+3×4	3×3+3×5
训练负荷					
下肢训练					
单腿深蹲：核心训练	3×5+3×4	3×8+3×6	3×5+3×4	3×8+3×6	3×5+3×4
训练负荷					
躯干训练					
负重转体	3×15+ 3×12	3×15+ 3×12	3×15+ 3×12	3×15+ 3×12	3×15+ 3×12
训练负荷					
单腿直腿硬拉：核心训练	3×5+3×4	3×8+3×6	3×5+3×4	3×8+3×6	3×5+3×4
训练负荷					
上肢训练					
交替卧推：核心训练	3×5+3×4	3×8+3×6	3×5+3×4	3×8+3×6	3×5+3×4
训练负荷					
屈臂上拉：核心训练	3×5+3×4	3×8+3×6	3×5+3×4	3×8+3×6	3×5+3×4
训练负荷					
颈部训练					
人工负荷侧屈曲	1×8	1×8	1×8	1×8	1×8
完成的重复次数					

针对冰球运动员的力量训练周期

周一

长度 5周

目标 提高力量以增强平衡能力和敏捷度。

强度 完成第1组动作的全部重复次数，才能增加负荷。

节奏 全身训练要动作快，有爆发力。其他训练应迅速举起，2秒放下。

休息 全身训练每组之间休息2分15秒，其他训练每组之间休息2分钟。

组数和次数

周数	力量训练
1	全身训练 = 5×2 核心训练 = 4×2
2	全身训练 = 5×5 核心训练 = 4×5
3	全身训练 = 5×2 核心训练 = 4×2
4	全身训练 = 5×5 核心训练 = 4×5
5	全身训练 = 5×2 核心训练 = 4×2

	第1周	第2周	第3周	第4周	第5周
全身训练					
交替高翻：全身训练	5×2	5×5	5×2	5×5	5×2
训练负荷					
单臂下蹲翻：全身训练	5×2	5×5	5×2	5×5	5×2
训练负荷					
下肢训练					
单腿深蹲：核心训练	4×2	4×5	4×2	4×5	4×2
训练负荷					
侧深蹲：核心训练	4×2	4×5	4×2	4×5	4×2
训练负荷					
躯干训练					
扭转卷腹	3×12	3×12	3×12	3×12	3×12
训练负荷					
扭转背部伸展	3×10	3×10	3×10	3×10	3×10
训练负荷					
上背部训练					
划船：核心训练	4×2	4×5	4×2	4×5	4×2
训练负荷					
颈部训练					
人工负荷侧屈曲	2×8	2×8	2×8	2×8	2×8
完成的重复次数					

周三

长度　5周

目标　提高力量以增强平衡能力和敏捷度。

强度　完成第1组动作的全部重复次数，才能增加负荷。

节奏　全身训练要动作快，有爆发力。其他训练应迅速举起，2秒放下。

休息　全身训练每组之间休息2分15秒，其他训练每组之间休息2分钟。

组数和次数

周数	力量训练
1	全身训练＝5×2 核心训练＝4×2
2	全身训练＝5×5 核心训练＝4×5
3	全身训练＝5×2 核心训练＝4×2
4	全身训练＝5×5 核心训练＝4×5
5	全身训练＝5×2 核心训练＝4×2

	第1周	第2周	第3周	第4周	第5周
全身训练					
单臂抓举：全身训练	5×2	5×5	5×2	5×5	5×2
训练负荷					
分腿交替抓举：全身训练	5×2	5×5	5×2	5×5	5×2
训练负荷					
胸部训练					
交替上斜卧推：核心训练	4×2	4×5	4×2	4×5	4×2
训练负荷					
躯干训练					
交替触足卷体	3×12	3×12	3×12	3×12	3×12
训练负荷					
卧推卷腹	3×12	3×12	3×12	3×12	3×12
训练负荷					
肩部训练					
单臂肩部推举	4×2	4×5	4×2	4×5	4×2
训练负荷					
交替侧平举	3×6	3×6	3×6	3×6	3×6
训练负荷					
颈部训练					
人工负荷屈曲和伸展	2×8	2×8	2×8	2×8	2×8
完成的重复次数					

（接下页）

针对冰球运动员的力量训练周期（接上页）
周五

长度 5周

目标 提高力量以增强平衡能力和敏捷度。

强度 完成第1组动作的全部重复次数，才能增加负荷。

节奏 全身训练要动作快，有爆发力。其他训练应迅速举起，2秒放下。

休息 全身训练每组之间休息2分15秒，其他训练每组之间休息2分钟。

组数和次数

周数	力量训练
1	全身训练 = 5×2 核心训练 = 4×2
2	全身训练 = 5×5 核心训练 = 4×5
3	全身训练 = 5×2 核心训练 = 4×2
4	全身训练 = 5×5 核心训练 = 4×5
5	全身训练 = 5×2 核心训练 = 4×2

	第1周	第2周	第3周	第4周	第5周
全身训练					
交替借力挺举：全身训练	5×2	5×5	5×2	5×5	5×2
训练负荷					
分腿交替挺举：全身训练	5×2	5×5	5×2	5×5	5×2
训练负荷					
下肢训练					
单腿前深蹲：核心训练	4×2	4×5	4×2	4×5	4×2
训练负荷					
弓箭步：核心训练	4×2	4×5	4×2	4×5	4×2
训练负荷					
躯干训练					
卧推卷腹	3×12	3×12	3×12	3×12	3×12
训练负荷					
扭转背部伸展	3×10	3×10	3×10	3×10	3×10
训练负荷					
胸部训练					
交替卧推：核心训练	4×2	4×5	4×2	4×5	4×2
训练负荷					
上背部训练					
划船：核心训练	4×2	4×5	4×2	4×5	4×2
训练负荷					

针对高山滑雪运动员的力量训练周期
周一

长度 5周

目标 提高力量以增强平衡能力和敏捷度。

强度 完成第1组动作的全部重复次数，才能增加负荷。

节奏 全身训练要动作快，有爆发力。其他训练应迅速举起，2秒放下。

休息 全身训练每组之间休息2分钟，其他训练每组之间休息1分30秒。

组数和次数

周数	力量训练
1	全身训练 = 5×3 核心训练 = 4×4
2	全身训练 = 5×5 核心训练 = 4×6
3	全身训练 = 5×3 核心训练 = 4×4
4	全身训练 = 5×5 核心训练 = 4×6
5	全身训练 = 5×3 核心训练 = 4×4

	第1周	第2周	第3周	第4周	第5周
全身训练					
单臂高翻：全身训练	5×3	5×5	5×3	5×5	5×3
训练负荷					
交替下蹲翻：全身训练	5×3	5×5	5×3	5×5	5×3
训练负荷					
下肢训练					
单腿深蹲：核心训练	4×4	4×6	4×4	4×6	4×4
训练负荷					
侧弓箭步：核心训练	4×4	4×6	4×4	4×6	4×4
训练负荷					
躯干训练					
V形举腿	3×12	3×12	3×12	3×12	3×12
训练负荷					
扭转背部伸展	3×10	3×10	3×10	3×10	3×10
训练负荷					
上背部训练					
立正划船：核心训练	4×4	4×6	4×4	4×6	4×4
训练负荷					

（接下页）

针对高山滑雪运动员的力量训练周期（接上页）
周三

长度 5周

目标 提高力量以增强平衡能力和敏捷度。

强度 完成第1组动作的全部重复次数，才能增加负荷。

节奏 全身训练要动作快，有爆发力。其他训练应迅速举起，2秒放下。

休息 全身训练每组之间休息2分钟，其他训练每组之间休息1分30秒。

组数和次数

周数	力量训练
1	全身训练 = 5×3 核心训练 = 4×4
2	全身训练 = 5×5 核心训练 = 4×6
3	全身训练 = 5×3 核心训练 = 4×4
4	全身训练 = 5×5 核心训练 = 4×6
5	全身训练 = 5×3 核心训练 = 4×4

	第1周	第2周	第3周	第4周	第5周
全身训练					
单臂借力挺举：全身训练	5×3	5×5	5×3	5×5	5×3
训练负荷					
分腿交替挺举：全身训练	5×3	5×5	5×3	5×5	5×3
训练负荷					
上肢训练					
单臂卧推：核心训练	4×6	4×4	4×6	4×4	4×6
训练负荷					
躯干训练					
下斜扭转卷腹	3×15	3×15	3×15	3×15	3×15
训练负荷					
背部伸展	3×12	3×12	3×12	3×12	3×12
训练负荷					
肱三头肌					
肱三头肌伸展：辅助训练	3×8	3×8	3×8	3×8	3×8
训练负荷					

周五

长度　5周

目标　提高力量以增强平衡能力和敏捷度。

强度　完成第1组动作的全部重复次数，才能增加负荷。

节奏　全身训练要动作快，有爆发力。其他训练应迅速举起，2秒放下。

休息　全身训练每组之间休息2分钟，其他训练每组之间休息1分30秒。

组数和次数

周数	力量训练
1	全身训练 = 5×3 核心训练 = 4×4
2	全身训练 = 5×5 核心训练 = 4×6
3	全身训练 = 5×3 核心训练 = 4×4
4	全身训练 = 5×5 核心训练 = 4×6
5	全身训练 = 5×3 核心训练 = 4×4

	第1周	第2周	第3周	第4周	第5周
全身训练					
单臂抓举：全身训练	5×3	5×5	5×3	5×5	5×3
训练负荷					
分腿交替抓举：全身训练	5×3	5×5	5×3	5×5	5×3
训练负荷					
下肢训练					
弓箭步：核心训练	4×4	4×6	4×4	4×6	4×4
训练负荷					
直腿硬拉：核心训练	4×4	4×6	4×4	4×6	4×4
训练负荷					
躯干训练					
卧推卷腹	3×15	3×15	3×15	3×15	3×15
训练负荷					
背部伸展	3×12	3×12	3×12	3×12	3×12
训练负荷					
上肢训练					
上斜卧推：核心训练	4×4	4×6	4×4	4×6	4×4
训练负荷					
划船：核心训练	4×4	4×6	4×4	4×6	4×4
训练负荷					